연구보고서 2024-46

중장기 노후빈곤 전망 모형 개발을 위한 기초연구

류재린
김지운·권도형·김희년·송창길·최준영

KOREA INSTITUTE FOR HEALTH AND SOCIAL AFFAIRS

연구진

연구책임자	류재린	한국보건사회연구원 부연구위원
공동연구진	김지운	홍익대학교 교수
	권도형	가천대학교 교수
	김희년	한국보건사회연구원 부연구위원
	송창길	한국보건사회연구원 부연구위원
	최준영	한국보건사회연구원 전문연구원

연구보고서 2024-46

중장기 노후빈곤 전망 모형 개발을 위한 기초연구

발 행 일	2024년 12월
발 행 인	강 혜 규
발 행 처	한국보건사회연구원
주 소	[30147]세종특별자치시 시청대로 370 세종국책연구단지 사회정책동(1~5층)
전 화	대표전화: 044)287-8000
홈페이지	http://www.kihasa.re.kr
등 록	1999년 4월 27일(제2015-000007호)
인 쇄 처	㈜정인애드

9,000원

ⓒ 한국보건사회연구원 2024
ISBN 979-11-7252-063-2 [93330]
https://doi.org/10.23060/kihasa.a.2024.46

발|간|사

　노인빈곤은 우리 사회가 직면한 가장 시급한 과제 중 하나이다. 그간 정부는 이를 해소하기 위해 다양한 정책을 추진해 왔고, 그 결과 노인빈곤율은 점차 개선되어 왔다. 그러나 최근에는 감소세가 둔화되고 있으며, 향후 전망에 대해서도 엇갈린 견해가 존재한다. 이러한 상황에서 노후빈곤의 실태를 정밀하게 진단하고, 장기적 관점에서 그 변화를 예측할 수 있는 분석 기반을 마련하는 일은 매우 중요한 과제라 할 수 있다. 이에 본 연구는 중장기 노후빈곤 전망 모형의 구축을 위한 이론적·방법론적 기초를 마련하고자 하였다. 빈곤의 개념과 측정, 전망 접근법과 주요 결정 요인을 체계적으로 검토하고, 거시모형과 미시모형을 활용한 빈곤 전망을 시도하였다. 본 연구의 결과가 향후 노후소득보장체계 개편과 노인빈곤 완화를 위한 정책 수립에 유용한 기초자료로 활용되기를 기대한다.

　이 연구는 류재린 부연구위원이 책임을 맡고, 홍익대학교 김지운 교수와 가천대학교 권도형 교수, 본 연구원의 김희년·송창길 부연구위원, 최준영 전문연구원이 참여하였다. 경상국립대학교 권혁진 교수와 본 연구원의 이원진 연구위원의 자문 또한 연구의 질을 높이는 데 큰 도움이 되었다. 마지막으로 이 보고서의 내용은 한국보건사회연구원의 공식 견해가 아님을 밝힌다.

2024년 12월
한국보건사회연구원장 직무대행
강 혜 규

목 차

요 약 ··· 1

제1장 서론 ·· 5
제1절 연구의 배경 및 목적 ·· 7
제2절 연구의 내용 및 방법 ·· 11

제2장 빈곤전망 톺아보기 ·· 15
제1절 무엇을, 어떻게 측정할 것인가? : 빈곤의 개념, 정의, 그리고 측정 ······ 18
제2절 무엇을 고려해야 하는가? ·· 27
제3절 어떻게 전망할 것인가? ··· 36
제4절 모형 구축에 대한 시사점 ·· 50

제3장 동태확률일반균형 모형을 이용한 소득보장제도의 빈곤완화 효과 분석 ··· 53
제1절 연구의 배경 및 목적 ·· 55
제2절 연구내용 ·· 57
제3절 선행연구 분석 ·· 59
제4절 모형 경제의 설정 ··· 63
제5절 모형의 캘리브레이션 ·· 70

제4장 마이크로시뮬레이션 모형을 이용한 중장기 노후빈곤 전망 ······ 95
제1절 분석 개요 ·· 97
제2절 분석 모형 ··· 100

제3절 정책 시뮬레이션 ·· 117
　　제4절 소결 ·· 124

제5장 결론 ··· 125
　　제1절 주요 내용 요약 ··· 127
　　제2절 정책 제언 ··· 129
　　제3절 향후 과제 ··· 132

참고문헌 ·· 135

Abstract ·· 147

표 목차

KOREA INSTITUTE FOR HEALTH AND SOCIAL AFFAIRS

〈표 2-1〉 주요 빈곤 전망 모형의 특징 ··· 49
〈표 3-1〉 모형과 무관하게 외생적으로 결정되는 파라미터 ························· 77
〈표 3-2〉 목표 통계를 맞추도록 내생적으로 결정되는 파라미터 ················ 79
〈표 3-3〉 모형 통계 vs. 목표 통계 ·· 80
〈표 3-4〉 기준 경제의 주요 통계 ··· 82
〈표 3-5〉 소득재분배 효과(지니계수 및 빈곤율): 기준경제 기준 ················ 86
〈표 3-6〉 소득재분배 효과(지니계수 및 빈곤율): 모형 재계산 기준 ··········· 87
〈표 3-7〉 국민연금 사각지대 해소의 효과 ··· 92
〈표 4-1〉 KIHASA SIM의 주요 생애 사건과 결정 변수 ························ 103
〈표 4-2〉 주요 생애사건별 활용 자료(안) ·· 105
〈표 4-3〉 KIHASA SIM의 경제변수 가정(제5차 국민연금 재정계산) ······ 106
〈표 4-4〉 가계금융복지조사의 소득 정의 ··· 108
〈표 4-5〉 소득방정식 패널분석 결과(AR(1) 확률효과 GLS 모형) ············ 110
〈표 4-6〉 제5차 재정계산의 제도변수 가정 ··· 112
〈표 4-7〉 경제활동인구 대비 가입종별 보험료 납부자 비율 ···················· 112
〈표 4-8〉 경제활동인구조사와 KIHASA SIM의 종사상지위별 가입률 비교 ······ 113
〈표 4-9〉 연금개혁 시나리오 ·· 118
〈표 4-10〉 연금개혁안별 노인빈곤 전망(일차소득+공적연금, 중위 50% 기준) ········· 123

그림 목차

[그림 1-1] 2010년대 이후 65세 이상 노인빈곤 추이 ·················· 8
[그림 2-1] 노인 시장소득 및 가처분소득 빈곤율, 공식 소득분배지표 ········· 29
[그림 2-2] 노인 소득 평균, 공식 소득분배지표 ···················· 30
[그림 2-3] 노인 가구소득 빈곤율 ···························· 31
[그림 2-4] 노인 가구소득 빈곤갭 비율 ························· 32
[그림 2-5] 노인 주요 공적이전소득의 빈곤율 감소 효과 ·············· 33
[그림 2-6] 노인 주요 공적이전소득의 빈곤갭 비율 감소 효과 ··········· 33
[그림 2-7] 노인 가구유형과 빈곤 ···························· 35
[그림 2-8] GIDD의 구조 ·································· 41
[그림 2-9] MINT의 주요 사건 처리 과정 ······················· 44
[그림 3-1] 연령별 조건부 사망확률: 20~98세(모형의 1~80세) ········· 72
[그림 3-2] 인구비중: 모형 vs. 실제 ···························· 74
[그림 3-3] 연령별 확정적 노동생산성 ·························· 75
[그림 3-4] 연령별 국민연금 가입기간 평균: 모형 vs. 자료 ············· 84
[그림 4-1] 세대 간 빈곤율 차이 ····························· 98
[그림 4-2] 연령별 개인소득 ································· 98
[그림 4-3] KIHASA SIM의 순환도(안) ························ 101
[그림 4-4] KIHASA SIM의 모듈 내 시뮬레이션 과정 ··············· 102
[그림 4-5] KIHASA SIM 내 주요 생애사건 간 관계 ················ 104
[그림 4-6] 가계금융복지조사의 연동 표본 ······················ 109
[그림 4-7] 가계금융복지조사 패널화 전후의 취업소득 분포(2022년) ······ 109
[그림 4-8] 연도별 질환의 이행과정 ·························· 115
[그림 4-9] 건강보험 보험료 분위별 사망률(2024년) ················ 116
[그림 4-10] 노인빈곤 전망 결과(현행, 일차소득) ·················· 120
[그림 4-11] 노인빈곤 전망 결과(현행, 일차소득+공적연금) ··········· 121
[그림 4-12] 출생코호트별 노인빈곤율 전망(현행, 일차소득+공적연금, 중위 50%기준) ·· 121
[그림 4-13] 연금개혁안별 노인빈곤율 전망(일차소득+공적연금중위 50%기준) ·········· 123

요약

1. 연구의 배경 및 목적

본 연구는 중장기 노후빈곤 전망 모형을 구축하기 위한 기초연구이다. 본격적인 모형 개발에 앞서 빈곤의 개념과 측정, 전망방법론 등을 검토하여 우리나라 실정에 부합하는 전망모형 구축의 기반을 마련하고자 하였으며, 초기 단계의 노인빈곤 전망 모형을 시범적으로 구현하는 것을 목적으로 하였다.

2. 주요 연구 내용

이를 위해 2장에서는 빈곤의 개념과 측정 방법, 노인빈곤의 원인, 빈곤 전망 방법론 등을 체계적으로 정리하였다. 먼저, 여러 빈곤의 개념과 정의, 측정 방법을 비교한 뒤, 상대적 빈곤을 중심으로 측정 지표와 고려사항들을 정리하였다. 이어, 빈곤 전망 시 소득 및 가구 구성을 중심으로 직관적으로 접근할 것을 제안하였고, 그러한 관점에서 노인빈곤의 현황을 살펴보았다. 또한 전망의 개념과 방법론, 국내외 빈곤 전망 모형들의 특징을 종합적으로 살펴보았다. 이상의 논의를 통해 도출된 시사점은 다음과 같다. 첫째, 다차원적 빈곤보다는 소득에 기반한 단차원적 빈곤 측정에 주력할 필요가 있으며, 둘째, 단기 예측 모형보다는 정책 시나리오 분석에 용이한 추계모형(projection) 개발이 요구된다. 셋째, 미시적 접근과 거시적 접근이 병행되어야 한다.

3장에서는 국민기초생활보장제도(생계급여)와 내생적 노동공급 결정을 반영한 동태확률일반균형 모형(이질적 경제주체 중첩세대 모형, HA-OLG)을 구축하여, 노후 소득분배 및 빈곤에 미치는 영향을 분석하였다. 이 모형은 기존의 연구에서 명시적으로 다루어지지 않았던 국민연금의 사각지대 문제를 고려하였으며, 이를 통해 기초연금, 생계급여, 국민연금이 노후 소득분배에 미치는 영향을 다각적으로 분석하였다.

주요 결과를 살펴보면, 기초연금과 생계급여가 소득분배를 개선시키는 것으로 나타났으나, 국민연금은 소득재분배 기능을 지니고 있음에도 예비적 노동공급의 감소를 유발하여 오히려 소득분배를 악화시키는 것으로 나타났다. 그러나 만일 국민연금의 사각지대가 없는 경제를 가정할 경우, 노후소득보장제도를 통해 노후 소득분배와 빈곤율이 모두 개선되는 것으로 나타났다.

4장에서는 동태적 마이크로시뮬레이션모형(Dynamic MSM)인 KIHASA SIM을 활용하여 중장기 노인빈곤을 전망하였다. 이를 위해 국민연금 모듈과 소득추정 방법을 개선하고, 건강 상태 변수와 국민연금의 임의가입 제도를 새롭게 반영하였다.

주요 결과는 다음과 같다. 첫째, 현행 제도 하에서는 노인빈곤 문제가 근본적으로 해소되기 어려운 것으로 나타났다. 노인빈곤율은 점진적으로 하락하다가 다시 증가하는 U자형의 추세를 보일 것으로 전망된다. 이는 이전 세대에 비해 소득과 자산 수준이 높은 베이비 부머의 노인 진입과 고령자의 경제활동 참여 증가로 빈곤이 완화되지만, 후기 노년기에 진입하는 인구의 비중이 커지면서 빈곤율이 다시 상승하는 구조로 해석된다. 코호트별 빈곤율 전망 결과를 살펴보면, 후세대로 갈수록 노인 진입 시기에는 상대적으로 빈곤 문제가 완화되지만, 나이가 들수록 빈곤율이 급격히 상승하는 경향이 확인되었다. 이는 경제력이 충분히 높은 세대라 하더라도 공적연금의 급여 수준이 적정하지 않다면, 노동시장 이탈 이후 빈곤에 다시 직면할 가능성이 높다는 점을 시사한다. 둘째, 국민연금과 기초연금의 개편 시나리오를 적용하는 경우에도, 이러한 U자형 빈곤율 추세는 완전히 해소되지 않는 것으로 나타났다. 이는 제도 개선이 일정 수준의 효과를 가질 수는 있지만, 공적연금의 급여 수준이 충분히 보장되지 않는 한, 노인빈곤 문제의 근본적 해결은 어렵다는 점을 보여준다.

3. 결론 및 시사점

이상의 분석 결과는, 공적연금이 적정한 급여 수준을 보장하지 못할 경우 노인빈곤이 구조적으로 해소되기 어렵다는 점을 명확히 보여준다. 따라서 현세대 노인의 빈곤 완화를 위한 보다 적극적인 대책을 마련하고, 국민연금의 사각지대 해소와 가입기간 확대를 통해 제도의 내실을 강화하여 연금개혁의 실효성을 높여야 한다. 아울러, 자격관리체계의 구조적 개선과 노동시장과의 연계 강화가 함께 추진되어야 한다. 끝으로, 본 연구에서 구축한 HA-OLG 및 MSM 모형은 정책 효과를 정량적으로 분석할 수 있는 기반을 마련하였으나, 향후에는 모형의 정합성과 현실성을 높이기 위한 추가 연구가 필요하다.

주요 용어: 노인빈곤, 동태적 미시모의실험 모형, 이질적 경제주체 중첩세대 모형

제1장

서론

제1절 연구의 배경 및 목적
제2절 연구의 내용 및 방법

제1장 서론

제1절 연구의 배경 및 목적

1. 연구의 배경

한국의 노인은 가난하다. OECD의 소득분배DB(income distribution database)에 한국이 등장한 2006년부터 2020년까지, 한국은 노인빈곤율이 가장 높은 국가였다. 가장 최근 자료인 2021년의 처분가능소득 기준 노인빈곤율은 39.3%로 OECD 회원국 중 에스토니아(41.3%)에 이어 두 번째로 높다(OECD, 2024).[1]

일각에서는 우리나라의 노인들이 자산 축적 등 다른 수단으로 노후를 준비했을 가능성이 높아 소득만으로는 실제 경제적 상황 판단에 한계가 있다고 지적한다(윤석명 외, 2017; 이영욱 외, 2023, 이승희, 2023a 등). 빈곤에 대한 이해와 측정 방법이 다양하기에 이는 타당한 지적이라 할 수 있다. 그러나 소득과 자산을 함께 고려하더라도 우리나라의 노인빈곤율은 여전히 국제적으로 가장 높은 수준이다. 이승희(2023a)에 따르면, 자산을 소득으로 환산할 경우 노인빈곤율이 처분가능소득 기준 노인빈곤율에 비해 7~16%p 낮아지지만, 여전히 다른 국가들에 비해 심각한 상황이다.[2]

그간 정부는 노인빈곤을 완화하기 위해 많은 노력을 기울여왔다. 국민

---

1) 우리나라는 65세 이상자를 노인으로 보고 있으나, OECD는 66세 이상을 은퇴연령층으로 보고 있다. 즉, 국내의 노인빈곤율은 65세 이상자를 대상으로, OECD의 노인빈곤율은 66세 이상자를 대상으로 계산된 것이다.
2) 이는 다른 나라들 역시 노인의 자산보유율이 높아, 자산을 고려하는 경우 노인빈곤율이 낮아지기 때문이다.

연금의 적용 사각지대 해소, 기초(노령)연금의 도입 및 급여 인상, 노인 일자리 사업 확대, 기초생활보장제도 강화 등 여러 정책들이 시행되었다. 이와 함께 노인들의 경제활동 참여도 늘어나고 있다. 노인의 고용률은 2023년 37.3%로 지난 10년 간 6.7%p 증가했다(통계청, 2024). 이에 힘입었는지, 처분가능소득 기준 노인빈곤율은 2011년 46.5%에서 2021년 37.6%까지 감소하였다([그림 1-1] 참조).

그런데 최근에는 노인빈곤의 감소세가 둔화되고 있다. 2021년까지 매년 조금씩 감소하던 노인빈곤율이 2022년에는 소폭(0.5%p) 증가하였다. 이는 그간 노인빈곤 완화에 크게 기여해왔던 공적 이전의 노인빈곤 감소 효과가 정체된 영향으로 보인다(이원진, 2024).

[그림 1-1] 2010년대 이후 65세 이상 노인빈곤 추이

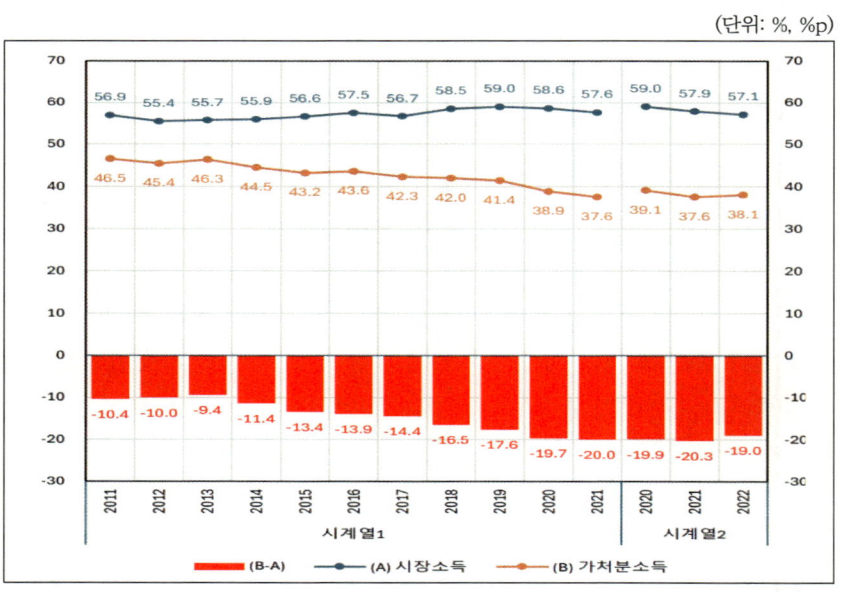

주: '시계열1'은 고용·산재보험 급여를 행정자료로 보완하지 않은 시계열을, '시계열2'는 고용·산재보험 급여를 행정자료로 보완한 시계열을 의미함. 빈곤선은 가처분소득 중윗값의 50%임.
출처: "최근 소득분배 현황과 기초보장 관련 소득보장제도의 발전 방향", 이원진, 2024, p. 4.

그렇다면 앞으로 노인빈곤은 어떻게 될 것인가? 계속 높은 상태로 유지될 것인가? 서서히 감소할 것인가?

이에 대해서는 상반된 견해가 존재한다. 이승희(2023b)와 안서연(2023)은 세대 간 빈곤 수준의 차이가 크다는 점을 지적하며, 향후 상대적으로 경제력이 높은 베이비 붐 세대의 노인진입과 연금제도의 성숙이 노인빈곤율 완화를 견인할 것이라 전망한다. 반면, 권혁진, 류재린(2018), 이원진 외(2022)는 향후에도 노인빈곤 문제가 근본적으로 해결되기 어려울 것으로 본다. 그간 노인의 노동 및 재산 소득 증가, 국민연금의 성숙, 기초연금 도입 등이 노인빈곤 감소에 기여했으나, 최근 공적이전의 노인빈곤 감소 효과가 정체되고 있어 앞으로도 노인빈곤이 감소하리라 확언하기 어렵다는 것이다(이원진 외, 2022). 향후 공적연금 급여가 크게 증가하지 않을 것으로 전망된다는 점도 이를 지지한다(권혁진, 류재린, 2018).

노인빈곤에 영향을 미치는 요인들이 매우 다양하다는 점도 노인빈곤의 향방을 예측하기 어렵게 한다. 노인빈곤의 원인은 공적연금의 미성숙, 국민연금의 소득대체율 하락, 노동시장 이중구조, 가족구조 변화, 사적부양의 약화 등으로 매우 다양하다(여유진 외, 2012). 이 밖에도 경제활동참가율, 임금상승률, 물가, 이자율, 조세, 사회보험료, 기타 공적이전 등의 요인들이 노인빈곤에 영향을 미친다. 전술한 요인들은 상호 연관되어 복합적으로 작용하므로, 향후 노인빈곤이 감소하리라 단언하기는 어렵다.

한편, 최근 연금개혁 논의가 활발해지면서 노인빈곤의 향방에 이목이 집중되고 있다. 노인빈곤 문제는 현행 노후소득보장체계의 문제점을 잘 드러내는 현상인 동시에 연금개혁이 필요한 이유 중 하나이다. 이에 따라 그간 연금개혁 논의를 주도했던 여러 위원회들과 정부는 노후소득보장 강화 또는 노인빈곤 완화를 연금 개혁의 주요 목표로 설정한 바 있다(국회 연금개혁특별위원회, 2024; 국민연금재정계산위원회, 2023; 보건복지부, 2023; 2024).

그러나 정작 어떠한 연금개혁안도 노인빈곤이 얼마나 개선될 것인지 제시하지 않은 채 추상적인 전망만을 내놓고 있다. 이들은 연금개혁을 통해 노인빈곤이 완화될 것이라 주장하지만, 연금개혁이 소득계층별로 상이한 영향을 미칠뿐만 아니라 다양한 요인들(예, 노인의 경제활동 참여, 가구 구조 변화 등)이 노인빈곤에 영향을 미치므로, 연금개혁에 따라 미래의 노인빈곤이 완화될 것이라 단언할 수 없다.3) 지난 2차 연금개혁 이후 몇몇 연구들이 국민연금 개혁에 따른 중장기 노인빈곤 전망을 시도하였으나(예, 김원섭 외, 2016; 권혁진, 류재린, 2015; 2018; 안서연, 최광성, 2022 등), 최근의 사회·경제적 여건 변화와 연금개혁 논의가 반영된 연구는 전무하다.

이러한 상황은 연금개혁을 시행하기에 앞서 미래의 노후소득 및 빈곤 변화를 사전적(ex-ante)으로 검토하는 해외 사례와 대조된다. 해외 주요국은 다양한 모형들을 개발하여4) 연금개혁이 미래 은퇴자들의 소득분배와 빈곤에 미치는 영향을 사전적으로 검토하고 있다.

2. 연구의 목적

이러한 맥락에서 본 연구는 중장기 노후빈곤 전망 모형의 구축을 위한 기초연구를 목적으로 한다. 빈곤의 개념과 측정 방법, 노인빈곤의 원인, 전망 방법론, 고려사항 등을 검토하고, 이를 토대로 중장기 노후빈곤 전망

---

3) 더욱이 현재까지 제시된 주요 개혁안들은 미래의 노인빈곤 완화에 초점을 두고 있다. 연금개혁특별위원회의 논의에는 현세대 노인에 대한 대책이 부재하며(국회 연금개혁특별위원회, 2024), 정부는 노인빈곤을 완화하기에 턱없이 부족한 소폭의 기초연금 인상안을 제시할 뿐이다(보건복지부, 2023; 2024).
4) 예를 들어, GIDD(World Bank), MINT(미국), BIMic(이탈리아) 등의 모형들이 있다. 이 모형들에 대해서는 2장 2절에서 자세히 살펴본다.

모형의 구축을 시도한다. 본 연구에서 개발하고자 하는 모형은 마이크로시뮬레이션 모형(Microsimulation Model, 이하 MSM)과 이질적 경제주체 중첩세대 모형(Heterogeneous Agent Overlapping Generations Model, HA-OLG)이다. 양자는 각각 미시모형과 거시모형을 대표하는 모형들로, 정책영역에서 활발하게 이용되고 있다. 마지막으로, 구축된 모형을 토대로 최근의 연금개혁 논의를 반영한 정책 시나리오 분석을 시도한다.

본 연구는 중장기 빈곤전망 모형 개발에 필요한 사전 작업들을 수행하고, 이를 토대로 모형 개발을 시도한다는 점에서 선행 연구들과 차별점을 지닌다. 한편으로, 그간의 연구들이 고려하지 못하였던 미래의 인구 구조 변화, 개인·가구의 소득 변화, 국민기초생활보장제도 등을 고려한다는 점, 최근의 연금개혁 논의를 반영한 정책 시나리오 분석을 수행한다는 점도 본 연구의 기여라 할 수 있다.

제2절 연구의 내용 및 방법

1. 연구의 내용

본 연구의 주요 내용과 구성은 다음과 같다. 먼저, 2장에서는 중장기 노인빈곤 전망 모형 구축을 위한 기초작업들을 수행한다. 노인빈곤을 어떻게 정의하고 측정할 것인지(개념과 측정), 우리나라 노인빈곤의 실태가 어떠하며 그 원인은 무엇이며(현황과 원인), 어떠한 전망 방법들이 존재하며(방법론 검토), 어떠한 요인들을 고려해야 하는지(고려사항) 등을 검토한 뒤, 어떠한 모형이 우리나라의 상황에 적합한지 살펴본다.

이후 3장과 4장에서는 앞선 논의들에 기초하여 중장기 노인빈곤 전망 모형 구축을 시도한다. 먼저, 3장에서는 이질적 경제주체 중첩세대 모형(HA-OLG)의 구축을 추진한다. 이는 동태확률 일반균형 모형으로 대표적인 거시적 접근법이라 할 수 있다. 동 모형은 노후소득보장체계의 변화가 이질적 경제주체들의 의사결정과 거시 변수에 미치는 일반균형 효과를 반영할 수 있는 모형이다. 특히, 본 연구는 국내 선행연구에서 다루지 않았던 국민기초생활보장제도와 내생적 노동공급 결정을 반영한 모형을 구축하여 중장기적 소득분배 및 빈곤 변화를 살펴보려 한다.

이후 4장에서는 Dynamic MSM을 구축한다. 이는 미시적 접근 방법으로, 소득 및 자산 분포와 노후소득보장제도를 세밀하게 구현할 수 있고, 구체적인 정책 시나리오 분석이 가능하다는 장점을 지닌다. 다만, MSM 개발에는 많은 시간과 자원이 소요되므로, 본 연구는 공적연금의 개혁 효과 분석을 위해 구축된 MSM 모형인 KIHASA SIM을 일부 개선하여 노후빈곤 전망 모형으로 발전시키려 한다. 인구, 거시변수 등 기초자료들을 최신 자료로 업데이트하고, 가계금융복지조사 자료를 이용해 소득 분포 추정 방법을 개선하는 것, 건강 상태를 고려하여 소득 계층별로 상이한 기대여명을 반영하는 것 등이 주요 개선점이다.

2. 연구의 방법

이 연구는 전술한 내용을 위해 다음의 방법들을 이용한다. 첫째, 문헌연구를 수행한다. 특히, 빈곤의 개념과 측정, 우리나라 노인빈곤의 현황과 원인, 방법론 검토 시 이를 주로 활용한다. 해외의 빈곤전망 모형들의 경우 모형의 구조와 범위, 산출 지표 등을 자세히 소개하고 있으므로, 이 같은 문헌 연구로부터 많은 정보를 얻을 수 있을 것으로 기대된다.

둘째, 모형 구축을 위한 통계분석 및 자료 가공을 수행한다. 본 연구에서 구축하는 모형들은 각기 다른 접근법을 사용하지만 여러 기초자료와 파라미터에 의존하며, 현실 적합도를 높이기 위한 캘리브레이션을 수행한다. 예를 들어, MSM에서는 행태방정식을 통해 추정된 파라미터를 경제활동, 국민연금 가입, 소득, 건강상태 등을 시뮬레이션하며, 시뮬레이션 결과의 현실 적합도를 높이기 위한 캘리브레이션을 수행한다. 또한 HA-OLG에서는 모형경제와 실제 통계가 일치되도록 노동소득세율, 자본소득세율, 국민연금 가입 인정 근로시간 하한 등의 파라미터들을 내생적으로 결정한다. 이러한 과정들을 다양한 통계분석 및 자료 가공을 요구하며, 이에 관련된 일련의 작업들이 본 연구의 주된 연구 방법이라 할 수 있다.

    셋째, 전문가 자문 회의를 수행한다. 이를 통해, 모형의 범위, 구조, 산출 지표 등에 대한 설정뿐 아니라 시뮬레이션 알고리즘, 캘리브레이션 과정 등에 대한 자문을 구하려 한다. 이는 모형을 객관적으로 평가하고 완성도를 높일 수 있는 가장 좋은 방법이기도 하다. 특히, 연구진이 아닌 전문가들의 자문을 통해 모형에 적용된 여러 가정들의 합리성을 점검하고, 풍부한 정책적 시사점을 얻을 수 있을 것으로 기대된다.

제2장

빈곤전망 톺아보기

제1절 무엇을, 어떻게 측정할 것인가?
　　　: 빈곤의 개념, 정의, 그리고 측정
제2절 무엇을 고려해야 하는가?
제3절 어떻게 전망할 것인가?
제4절 모형 구축에 대한 시사점

제2장 빈곤전망 톺아보기

빈곤의 개념과 정의는 다양하고 복잡하다. 빈곤의 개념은 생존, 기본욕구, 부재, 결핍, 안녕, 박탈 등의 다양한 개념들과 연결되어 있으며, 상대적 빈곤과 절대적 빈곤, 단차원적 접근과 다차원적 접근 등 빈곤을 바라보는 관점 역시 다양하다. 이러한 빈곤의 개념은 사회가 처한 상황과 담론에 따라 계속해서 변화하며, 그 정의 역시도 시대, 사회, 이론에 따라 변화한다(여유진, 우선희, 근간). 아무리 우수한 측정 방식이라 하더라도 빈곤을 완전히 측정할 수 없고(Ravallion, 1996, p. 1331), 따라서 빈곤에 대한 하나의 명확한 정의는 존재하지 않는다(Lister, 2021, p. 12). 이처럼 빈곤의 개념과 정의가 복잡하고 다양한 만큼, 빈곤의 측정 방식 역시도 다양하다. 학계에서는 현재 상대비율 방식, 예산표준방식, 주관적 빈곤 측정 방식, 박탈지표 방식 등 다양한 측정 방법이 활용되고 있다.[5]

여기에서는 본격적인 빈곤 전망을 시도하기에 앞서 무엇을 어떻게 측정할 것인지(빈곤의 개념과 정의), 우리나라의 상황을 고려할 때 중장기 빈곤 전망을 위해 무엇을 고려해야 하는지, 또한 어떠한 방법을 통해 빈곤을 전망할 것인지(방법론 검토) 등을 살펴본다. 이는 본 연구는 물론 추후 구축할 모형의 범위와 최종 산출물의 범위를 설정하기 위한 필수 작업이라 할 수 있다.

---

[5] 빈곤의 개념과 측정 방식에 대해서는 Gordon(2006), Lister(2021), Michael & Citro(1995), 여유진, 우선희(근간) 등을 참조하기 바란다.

제1절 무엇을, 어떻게 측정할 것인가?
: 빈곤의 개념, 정의, 그리고 측정

1. 빈곤의 개념과 정의, 그리고 측정

가. 단차원적 빈곤과 다차원적 빈곤

　빈곤에 대한 가장 일반적인 개념은 물질적 자원의 부족을 빈곤으로 간주하는 것이다. 일반적으로 빈곤은 "생존을 위해 필요한 최소한의 기본적 욕구가 충족되지 않은 상태 혹은 그러한 욕구를 충족하는데 필요한 자원이 충분하지 않은 상태"로 정의된다(김교성 외, 2008, p. 299). 이 경우 빈곤은 소득이나 소비와 같은 단일 척도를 통해 측정된다. 이는 의식주 등 필수적인 생존 요구 사항에 대한 충족 또는 최소 생활 수준의 충족에 초점을 두거나(절대적 빈곤), 사회 내 다른 구성원들과의 상대적 위치에 초점을 두는 경우(상대적 빈곤) 모두에 해당한다(Gordon, 2006, pp. 29-30).
　이처럼 단차원적으로 빈곤을 측정할 때 가장 많이 이용되는 방법은 인구수 비율(Headcount Ratio)이다. 이는 빈곤선 이하의 소득을 지닌 사람의 비율로 산정되며, 상대적 빈곤과 절대적 빈곤 모두에 적용된다. 빈곤한 가구가 빈곤선에서 얼마나 멀리 떨어져 있는지에 대한 정보를 제공하는 빈곤 갭(poverty gap)이나, 빈곤층 내부의 불평등을 고려하는 빈곤갭 제곱(squared poverty gap)도 널리 사용되는 지표이다(Coudouel et al., 2002, pp. 34-35).
　이처럼 빈곤을 물질적 자원의 결핍으로 협소하게 정의할 경우의 장점은 빈곤율의 계산이 비교적 쉽고 간편하며, 국가 간 비교가 용이하고, 표준화된 비교가 가능하다는 점이다(World Bank, 2018, pp. 19-25).

그러나 이 같은 협소한 빈곤의 개념은 소득만으로는 포착할 수 없는 다양한 삶의 질적 요소와 사회참여, 교육의 기회 등 비물질적 결핍을 반영할 수 없다는 근본적인 한계를 지닌다(Gordon, 2006, pp. 29-31). 이에 최근에는 물질적 욕구의 차원을 넘어 사회적 참여와 역량(capability)을 포괄하는 다차원적 빈곤의 개념이 널리 받아들여지고 있다(김교성 외, 2008, p. 300).

다차원적 빈곤은 소득과 함께 교육, 건강, 생활 수준과 같은 비화폐적(non-monetary) 차원의 박탈을 고려한다(Lok-Dessallien, 1999). 이는 교육, 의료, 위생과 같은 필수 서비스에 대한 접근성을 강조하며(Coudouel et al., 2002, pp. 31-32), 빈곤을 소득 자체가 아닌 기본적인 역량의 결핍으로 이해하기도 한다(Sen, 1985). 다차원적 빈곤은 다양한 방식으로 측정된다. 대표적으로 다차원적 빈곤의 발생률(빈곤율)과 강도(박탈 정도)를 합산하는 방식(Alkire & Foster, 2011), 다양한 차원의 변수들을 고려한 복합 지수를 활용하는 방식 등이 널리 사용되고 있다(Coudouel et al., 2002, pp. 35-38)[6].

다차원적 빈곤은 사람들의 삶에 영향을 미치는 여러 영역에서의 박탈을 포착하므로, 소득뿐 아니라 교육, 의료 등 정책개입이 필요한 영역들을 식별할 수 있다는 이점을 지닌다(Lister, 2021). 다양한 차원을 반영한 복합 지표를 사용하기에 정책 우선순위에 따라 유연하게 빈곤을 측정할 수 있다는 점도 장점이다(World Bank, 2018). 그러나 복합적인 지표 생산에는 방대한 자료가 요구되며(Coudouel et al., 2002), 빈곤과 관련된 차원의 선택, 가중치 설정, 임계값의 선택 등의 과정에서 주관이 개입되므로 객관성을 확보하기 어렵다는 한계도 있다(Gordon, 2006).

---

[6] 대표적인 복합 지수로는 The United Nations Development Programme[UNDP]가 개발한 인간개발지수(Human Development Index, HDI), Oxford Poverty and Human Development Initiative[OPHI]와 UNDP가 함께 개발한 다차원적 빈곤 측정 지표인 Multidimensional Poverty Index[MPI] 등이 있다(World Bank, 2018, pp. 87-88).

나. 상대적 빈곤, 절대적 빈곤, 주관적 빈곤

빈곤을 절대적 빈곤, 상대적 빈곤, 주관적 빈곤으로 구분하는 것 역시 보편적인 방법이다(김미곤 외, 2010). 앞서 살펴본 것처럼 빈곤을 물질적인 결핍으로 정의하는 경우, 생존에 필요한 자원 수준이 어느 정도인가에 대한 질문이 뒤따르게 된다(김교성 외, 2008). 즉, 필요한 자원의 정도가 생존에 필요한 절대적인 수준인지, 한 사회의 전반적인 생활 수준과 비교할 때 상대적으로 필요한 수준인지, 또는 스스로 판단하기에 충분한 수준인지에 대한 기준이 필요하다. 전술한 빈곤의 구분은 이러한 질문들이 반영된 것이라 할 수 있다.

먼저, 절대적 빈곤은 의식주 등 생존에 필요한 최소한의 생활 수준과, 기본 욕구, 그리고 최소한의 소득 수준에 미치지 못하는 상태를 의미한다(Spicker, 1993). 이는 사회적 부나 생활 수준에 관계없이 객관적이고 보편적인 기준이라 할 수 있다(Lok-Dessallien, 1999). 절대적 빈곤의 빈곤선은 한 사회에서 필수 재화를 구입하기 위한 비용을 추정하여 결정하는 것이 일반적이다. 예를 들어, 개인이 일정 수준 이상의 칼로리를 섭취하거나 주택, 의복 등의 필수적인 상품과 서비스를 구입할 수 있는지 여부(Coudouel et al., 2002, p. 34), 매일 일정 수준 이상(예, $1.90)으로 생활하는지 여부 등을 기준으로 측정된다(World Bank, 2018, pp. 19-20).

절대적 빈곤은 생존을 위한 명확하고 실질적인 기준점을 제공한다는 점에서 이해하기 쉽고, 고정된 빈곤선을 설정하므로 국제 비교가 용이하다는 장점을 지닌다(World Bank, 2018). 그러나 절대적 기준은 사회 또는 시대 변화에 따라 달라지며, 한 사회의 필수 재화가 무엇인지에 대한 기준 역시 절대적이지 않다. 이러한 한계를 보완하고자 등장한 개념이 상대적 빈곤이다.

　상대적 빈곤은 사회 일반의 생활 수준보다 낮은 생활 수준을 영위하고 있는 상태를 빈곤으로 간주한다. 이는 개인이나 가구가 사회의 평균 또는 중위 수준보다 훨씬 낮은 자원을 지니고 있어 사회적으로 배제되거나 사회 활동에 완전히 참여할 수 없는 경우를 의미한다(Lok-Dessallien, 1999). 객관적 기준을 설정하는 절대적 빈곤과 달리 사회마다 상이한 기준을 반영하며, 전반적인 생활 수준의 변화를 고려하므로, 소득 수준이 높은 선진국에 적용하기에 적절한 개념이다. 이러한 상대적 빈곤은 소득 불평등과도 밀접한 연관성을 지닌다. 불평등이 높은 사회에서는 전반적인 소득 수준이 높더라도 상대적 빈곤율이 높을 수 있다(World Bank, 2018, pp. 67-72).

　상대적 빈곤은 사회의 평균 또는 중위소득의 일정 비율과 같이 상대적인 방식으로 빈곤을 측정하는 것이 일반적이다(김교성 외, 2008). 예를 들어, OECD나 EU는 처분가능 중위소득의 40%, 50%, 60% 수준을 빈곤선으로 정하고 있다(Coudouel et al., 2002, p. 34).

　상대적 빈곤은 절대적 빈곤과 달리 시간의 흐름에 따른 생활 수준의 변화를 반영할 수 있고, 절대적 빈곤을 해결하는 것 이상의 정책 목표를 설정할 수 있다는 장점을 지닌다. 그러나 어떠한 소득을 기준으로 삼는지, 소득의 측정 단위가 무엇인지(개인 또는 가구)에 따라 빈곤선이 달라지며, 이로 인해 국제 비교가 어렵다는 단점이 존재한다(Gordon, 2006, p. 31). 저소득층의 생활수준 향상이나 정책적 노력 효과를 측정하기 어렵다는 한계도 있다(김교성 외, 2008).

　마지막으로, 주관적 빈곤은 최소한의 생활 수준을 개인의 주관적 판단에 의해 결정하며, 스스로 빈곤하다고 생각하는 경우를 빈곤으로 간주한다(Gordon, 2006, p. 31). 이는 자기 자신이 빈곤여부를 가장 잘 평가할 수 있다는 것을 전제로 하는 것이다(김교성 외, 2008). 이 경우 빈곤선은 주로 설문조사를 통해 측정되며, 빈곤선 계측 방식으로 사람들의 적절성에 대한 인식을 반영하여 빈곤선을 결정하는 라이덴(Leyden), 델피(Delphi), 갤럽(Gallup) 방식 등이 존재한다(Michael & Citro, 1995, p. 25).

전술한 주관적 빈곤은 빈곤에 대한 사회적, 개인적 인식 차이를 반영하며, 소득에 기반한 빈곤 측정 시 간과하기 쉬운 사회적, 심리적 측면을 포착한다는 장점을 지닌다(Gordon, 2006, p. 32). 그러나 빈곤선을 계측할 때마다 광범위한 조사 자료가 필요하며, 개인의 인식에 크게 의존하므로 객관성을 확보하기 어렵다는 한계를 지닌다(Coudouel et al., 2002).

지금까지 살펴본 것처럼 빈곤에 대한 다양한 관점이 존재하지만, 오늘날 한국을 포함한 대부분의 복지국가에서는 상대적 빈곤의 개념이 가장 지배적인 위치를 차지하고 있다(여유진, 우선희, 근간). 이는 대부분의 복지국가에서는 절대 빈곤이 거의 발생하지 않으며, 생존에서 포용과 평등으로 정책 목표의 초점이 이동하였기 때문일 것이다(Gordon, 2006, pp. 29-30). 상대적 빈곤이 부의 배분을 측정하거나, 사회 전체의 소득 수준과 생활 수준의 변화에 따라 조정된다는 점도 대부분의 선진국에서 상대적 빈곤의 개념이 지배적인 이유라 할 수 있다(Coudouel et al., 2002, pp. 33-34).

실제로 우리나라는 상대적 빈곤 개념을 적용해 기초보장제도를 운영하고 있다. 2015년 7월 국민기초생활보장제도가 욕구별 급여체계로 개편되면서, 수급자 선정 및 급여기준으로 활용되던 최저생계비가 기준 중위소득으로 변경되었다. 이는 절대적 기준선에서 상대적 기준선으로의 변화, 즉 상대적 빈곤 개념의 도입을 의미한다(강신욱, 2016, p. 22). 국제기구들 역시 상대적 빈곤 개념을 적용해 빈곤을 측정한다. EU는 중위소득의 60% 수준을 빈곤선으로 설정하고 있으며, OECD 역시 중위소득의 30~50% 수준을 빈곤선으로 설정하고 있다(World Bank, 2018).

이를 고려하면 중장기 빈곤 전망 모형 구축 시 상대적 빈곤 개념을 적용하되, 소득에 기반한 빈곤 지표를 사용하여 단차원적으로 접근하는 것이 합리적인 방법일 수 있다. 이에 이하에서는 상대적 빈곤의 측정 방법에 대해 보다 자세히 살펴본다.

2. 상대적 빈곤의 측정

가. 측정 지표: 상대빈곤율과 빈곤갭 비율

앞서 살펴본 것처럼 상대적 빈곤의 측정은 주로 소득에 기반한다. 이를 측정하는 가장 보편적인 지표는 상대빈곤율과 빈곤갭 비율이다. 여기서 상대빈곤율은 빈곤선 이하의 소득을 갖는 사람의 비율(Headcount Ratio, HR)을 의미한다(식 (2-1) 참조). 빈곤선은 처분가능소득 기준 중위소득의 40%, 50%, 60% 선이 가장 보편적으로 사용되고 있다.

$$HR(y, z) = \frac{q}{n} \qquad (2\text{-}1)$$

단, q는 소득이 빈곤선 이하인 인구 수, n은 전체 인구 수, y는 개인소득, z는 빈곤선

빈곤갭 비율(Poverty Gap Ratio, PGR)은 빈곤선 대비 빈곤 격차 비율의 평균을 의미한다(식 (2-2) 참조). 이는 빈곤선 이하에 위치한 이들이 얼마만큼의 소득을 벌어야 빈곤에서 벗어날 수 있는지를 나타낸다. 빈곤선 이하 계층의 평균소득이 낮을수록 빈곤갭 비율이 커진다.

$$PGR = \frac{1}{n}\sum_{i=1}^{q}(\frac{z-y_i}{z}) \qquad (2\text{-}2)$$

단, n은 전체 인구, q는 소득이 빈곤선 이하인 인구 수, z는 빈곤선, y_i는 개인(i)의 소득

나. 고려사항

1) 가구 균등화

　상대적 빈곤 측정 시 고려되어야 하는 사항 중 하나는 '개인 단위로 측정되는 소득을 어떻게 가구 단위로 전환할 것인가?'이다. 오늘날 대부분의 빈곤 지표는 가구 단위로 측정되는데, 이는 가구의 구성원들이 자원을 공유하며, 가구 규모에 따라 규모의 경제가 발생한다고 가정하는 셈이다(Coudouel et al., 2002, p. 33). 이때, 각 가구가 누리는 규모의 경제는 가구원의 규모와 구성에 따라 달라지며, 이를 반영하는 지수가 균등화 지수이다.

　오늘날 가장 보편적으로 사용되는 가구 균등화 방식은 가구 규모의 제곱근($\sqrt{n}$)을 나누어 주는 OECD의 방식이다(Gordon, 2006, p. 30). 이는 성인이나 아동 모두에게 동일한 가중치를 적용하는 방식이다. 반면, 성인과 아동에게 다른 가중치를 적용하는 방식도 존재한다. 예를 들어, 과거 OECD가 사용하던 지수(구 OECD 지수)는 첫 번째 성인에게는 1을, 두 번째 성인부터는 0.7을, 아동에게는 0.5의 가중치를 부여하며, 수정된 OECD 지수는 첫 번째 성인에게는 1을, 두 번째 성인부터는 0.5를, 15세 미만 아동에게는 0.3의 가중치를 부여한다(United Nations Economic Commission for Europe[UNECE], 2011, p. 69).

우리나라는 국민기초생활보장제도 도입 시부터 가구 균등화 지수를 적용하였다. 1999년에는 최저생계비 계측조사에서 제안한 가구 균등화 지수를 적용하였으나, 1, 2인 가구의 생활 수준을 충분히 반영하지 못한다는 비판이 제기되면서 2005년부터는 구 OECD 지수 방식을 점진적으로 적용하도록 개편되었다(김태완 외, 2020). 그러나 4인 가구를 기준으로 기준 중위소득을 산출함에 따라 여전히 1, 2인 가구의 기준 중위소득이 낮게 설정되자, 이를 보완하고자 2026년까지 점진적으로 1, 2인 가구의 가중치를 높이는 방향으로 가구 균등화 지수가 개편되었다(보건복지부, 국토교통부, 교육부, 2020).

2) 소비와 자산

상대적 빈곤을 측정하는 가장 보편적인 기준은 소득이지만, 소비나 자산에 대한 고려 필요성이 제기되고 있다.

먼저, 소비는 사용 가능한 모든 자원의 영향을 받는다는 점에서 보다 구체적이고 정확한 빈곤 측정 도구가 될 수 있다(Burtless & Smeeding, 2001). 예를 들어, 전반적인 소득 수준이 높지만 계절성이 크거나 소득 변동이 심한 경우, 소득에 기반한 빈곤 측정 시 빈곤한 상태로 측정될 수 있으나, 해당 가구가 일정한 소비를 유지하고 있다면 빈곤하지 않은 상태로 간주될 수 있다(Coudouel et al., 2002, p. 33). 특히, 비공식 경제의 비중이 높은 저소득 국가나 개발도상국의 경우 소득 자료의 신뢰도가 떨어지므로, 실제 지출을 반영하는 소비가 보다 유용한 빈곤 지표로 기능할 수 있다(World Bank, 2018, pp. 87-90).

그러나 소비를 기준으로 하는 빈곤 측정은 지역별 물가 차이를 고려해야 하며, 소비 목적이나 서비스 지출을 파악하는 데도 한계가 있다

(김교성, 2008, p. 302). 가구의 비공식 지출이 데이터에 반영되지 않거나 일회성 소비가 과도하게 반영될 우려도 있다(Coudouel et al., 2002, pp. 33-35).

한편, 자산은 가구가 보유한 경제적 자원을 포괄적으로 반영할 수 있다(Forster et al., 2013; Stiglitz et al., 2009). 자산과 부채가 소득보다 변동성이 적다는 점도 자산에 대한 고려가 강조되는 이유 중 하나이다(Azpitarte, 2012). 한편으로, 부동산, 저축, 내구재 등의 자산은 소득 충격의 영향을 완화하므로, 빈곤 측정 시 자산을 포함하는 경우 빈곤에 취약한 사람들을 식별하는 데 도움을 줄 수 있다(Gordon, 2006).

다만, 자산의 경우 시장가치를 평가하기 어렵고, 비화폐성 자산의 측정이 어려우며(Gordon, 2006), 유동성이 떨어지는 자산에 대한 평가가 어렵다는 한계를 지닌다(World Bank, 2018). 자산 및 내구재가 개인 또는 가구가 현재 직면한 경제 상황보다는 과거로부터 누적된 경제적 상태를 반영한다는 점도 자산에 대한 고려를 어렵게 하는 요인이다. 예를 들어, 보유 자산이 많지만 소득이 거의 없는 가구의 경우 심각한 단기적 박탈을 겪을 수 있다(Coudouel et al., 2002, p. 35). 마지막으로 자산을 소득화하는 과정은 주관성이 높다. 저량인 자산을 유량인 소득으로 환산하는 과정에서 어떠한 자산을 고려할 것인지, 각 자산에 어떠한 방법을 적용하여 소득화할 것인지에 관한 여러 가정이 필요하다. 이는 연구자의 관점과 자료 접근성에 따라 상이하며, 표준화된 방법이 존재하지 않는다.

한편, 최근 우리나라에서도 노인빈곤 측정 시 소비 또는 자산을 고려하려는 시도들이 있다(윤석명 외, 2017; 이영욱 외, 2023; 이승희, 2023). 이들 연구는 공적이전체계가 미성숙한 우리나라의 경우 고령층이 자산 축적을 통해 노후를 준비했을 가능성이 커 소득만으로는 노인빈곤 현황을 정확하게 파악하기 어렵다는 인식을 공유한다(이승희, 2023). 이들의 접근

방식은 크게 두 가지로 나뉜다. 하나는 다차원적인 빈곤 개념을 적용하여 소득과 자산에 각각의 빈곤선을 설정하고 가중치를 부여하는 방식이며(윤석명 외, 2017), 다른 하나는 포괄소득화, 연금화 등을 통해 자산을 소득화하는 방식이다(이영욱 외, 2023). 그러나 이러한 방식은 측정 방법과 자료 가용성에 따라 산출된 빈곤 수준 간 차이가 크므로, 정책 지표로 정착되기 위해서는 측정 일관성과 실질적인 적용 가능성에 대한 추가 검토가 요구된다.

제2절 무엇을 고려해야 하는가?

1. 노인빈곤의 결정 요인

우리나라에서 노인빈곤 문제가 대두된 이후 이와 관련된 수많은 연구들이 시행되었다.[7] 이 중 노인빈곤의 원인을 탐색한 연구들이 지적하는 원인은 공적연금의 미성숙, 국민연금의 적립방식 도입, 국민연금의 소득대체율 하락, 노동시장 이중 구조, 가족구조 변화, 사적이전의 약화 등으로 매우 다양하다(여유진 외, 2012). 보다 구체적으로는 경기 변동, 경제활동참가율, 고용률, 임금상승률, 물가상승률, 이자율, 사적이전소득 등 시장소득과 그에 영향을 미치는 요인들, 국민연금, 기초연금, 기타 공적이전, 조세, 사회보험료 등 가처분소득과 가처분 소득에 영향을 미치는 요인들, 주된일자리 은퇴 시기, 노동시장 이중 구조 등 노동시장 구조와 관련된

---

7) 이들은 크게 ① 미시자료나 패널자료를 이용해 노인빈곤의 실태를 파악하는 연구(예, 석재은, 김태완(2000), 우석진(2011), 여유진 외(2012), 윤석명 외(2017), 김태완 외(2020), 이영욱 외(2023) 등), ② 노인빈곤의 원인이나 영향 요인에 관한 연구(예, 구인회, 손병돈(2005), 홍백의(2005), 최옥금(2007), 이주미, 김태완(2020), 이원진(2012; 2013; 2021) 등), ③ 빈곤 정책의 효과들을 분석하는 연구들(예, 석재은(2010), 백화종, 강성호(2011), 손병돈(2012), 고제이 외(2019), 이원진 외(2022) 등)로 나눌 수 있다.

요인들, 자녀와의 동거 여부, 노인이 속한 가구의 가구원 수 등 가구 구성에 관한 요인들이 존재한다.

전술한 요인들은 긴밀하게 연결되어 있으며 복합적으로 작용하므로, 장기간에 걸쳐 노인빈곤을 전망하는 것은 매우 어려운 일이다. 특히, 연금 개혁과 같이 특정한 요인 개선을 통해 노인빈곤이 얼마만큼 완화되는지 예측하는 것은 매우 어려운 일이다.

다만, 앞서 제시한 상대빈곤율의 측정지표, 즉, 균등화 중위소득과 노후소득의 관계로 한정하여 생각한다면, 노인빈곤에 영향을 미치는 요인을 보다 직관적으로 이해할 수 있다. 현재의 빈곤율 측정 시 활용되는 가구 균등화 소득은 가구의 소득을 가구원 수의 제곱근으로 나눈 것이므로, 이는 가구 구조의 변화와 가구소득의 변화에 의해 결정되는 셈이다. 이때, 가구소득이 개인소득의 합산이라는 점을 고려하면, 결국 상대빈곤율로 측정되는 노인빈곤의 주요 영향 요인은 가구 구조의 변화와 노인의 소득 변화라 할 수 있다. 예를 들어, 자녀와의 분가나 1인 가구의 증가는 노인빈곤을 악화시키는 요인이 될 수 있으며, 노동소득의 증가, 국민연금 성숙, 기초연금의 증가 등은 노인빈곤을 완화하는 요인이 될 수 있다. 따라서 노인빈곤을 전망할 때에는 가구 구성과 소득 분포의 변화에 초점을 두어야 한다.[8]

2. 한국의 노인빈곤 현황[9]

그렇다면, 최근의 노인빈곤 현황은 어떠한가? 여기에서는 소득과 가구 유형에 따른 노인빈곤의 현황을 살펴본다.

---

[8] 이를 고려하면, 빈곤율 자체를 전망하기보다 가구 구성과 소득의 구조 변화를 고려할 수 있도록 미시적으로 접근하는 것이 보다 적절해보인다.
[9] 이 부분의 내용은 이원진 외(2022)를 주로 참고하였다.

먼저, [그림 2-1]은 가계금융복지조사 자료를 이용한 노인의 시장소득 및 가처분소득 빈곤율 추이를 보여준다. 이에 따르면, 2011~2021년 사이 노인의 시장소득 빈곤율은 56.9%에서 57.6%로 증가하였고, 노인의 가처분소득 빈곤율은 46.5%에서 37.6%로 감소하였다. 여기에는 국민연금제도 성숙, 기초연금 강화 등 공적연금의 강화가 결정적인 영향을 미친 것으로 보인다(이원진 외, 2022). [그림 2-2]를 통해 노인의 소득 구성을 살펴보면, 공적연금의 강화에 따라 공적이전소득 비중이 증가하는 방향으로 노인의 소득 구성이 변하고 있음을 알 수 있다. 개별 소득 원천 평균을 가처분소득 평균 대비 비율로 환산하면, 2011~2021년 사이에 공적이전소득 평균이 가처분소득 평균의 20%에서 32%로 크게 증가하였다.

[그림 2-1] 노인 시장소득 및 가처분소득 빈곤율, 공식 소득분배지표

(단위: %, %p)

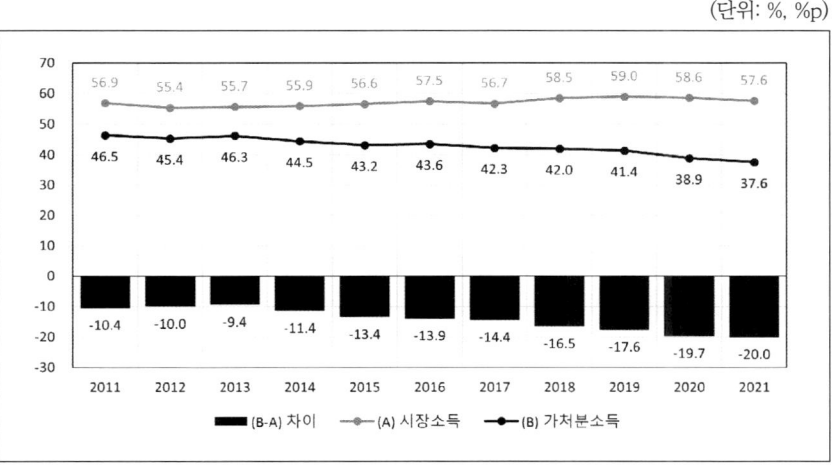

주: 가구 내에서 합산·균등화한 가구소득의 개인단위 분포이다.
출처: "가계금융복지조사 소득분배지표 집계자료", 통계청, 2022; "노인빈곤과 기초연금의 관계:노인빈곤 완화를 위한 개편의 기초연구", 이원진 외, 2022, 보건복지부, 한국보건사회연구원, p. 57에서 재인용.

[그림 2-2] 노인 소득 평균, 공식 소득분배지표

(단위: 만 원/년, 명목, %)

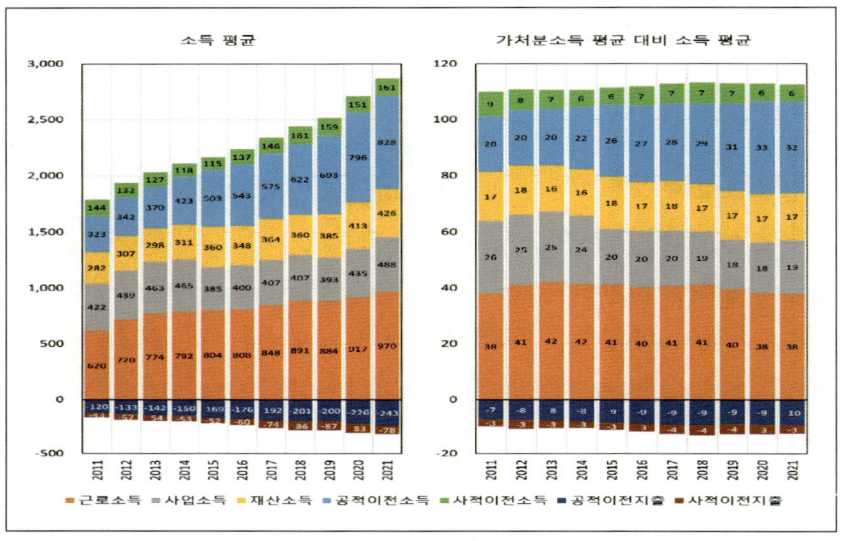

주: 가구 내에서 합산·균등화한 가구소득의 개인단위 분포이다.
출처: "가계금융복지조사 소득분배지표 집계자료", 통계청, 2022; "노인빈곤과 기초연금의 관계:노인빈곤 완화를 위한 개편의 기초연구", 이원진 외, 2022, 보건복지부, 한국보건사회연구원, p. 59에서 재인용.

다음으로 노인의 가구소득 빈곤을 살펴보면, 노인의 경제활동참가율 증가 역시 노인빈곤율 감소에 기여하고 있다. [그림 2-3]에 따르면, 노인의 취업소득 빈곤율은 2011~2016년 89%에서 87%로, 2016~2020년 86%에서 83%로 감소하였다. 다만, 2020년 기준 노인 및 노인의 배우자의 취업소득을 통해 빈곤선 이상의 가구소득을 확보한 노인은 17%에 불과하다. 한편, 노인 취업소득과 비노인 취업소득을 합산한 취업소득 빈곤율은 약 67% 수준에서 정체하였는데, 이를 통해 노인 경제활동 확대의 빈곤율 감소 효과가 노인 가구 구조 변화의 빈곤율 증가 효과로 대체로 상쇄하였음을 알 수 있다. 노인-자녀 동거 감소와 같은 가구 구조 변화에 따라 비노인 취업소득이 감소하였다. 노인의 시장소득 빈곤율은 대체로 50%대

후반 수준에서 큰 변화 없이 유지되었고, 공적이전 확대를 반영한 가처분소득 빈곤율은 2011~2016년 49%에서 47%로, 2016~2020년 44%에서 39%로 감소하였다.

〔그림 2-4〕에 따르면, 노인의 가구소득 빈곤갭 비율을 분석한 결과는 빈곤율 분석 결과와 대체로 유사하다. 2016~2020년 노인의 노인취업소득 빈곤갭 비율은 72%에서 67%로 감소하였고, 시장소득 빈곤갭 비율은 36% 수준에서 정체하였으며, 가처분소득 빈곤갭 비율은 18%에서 13%로 감소하는 양상을 보인다.

〔그림 2-3〕 노인 가구소득 빈곤율

(단위: %)

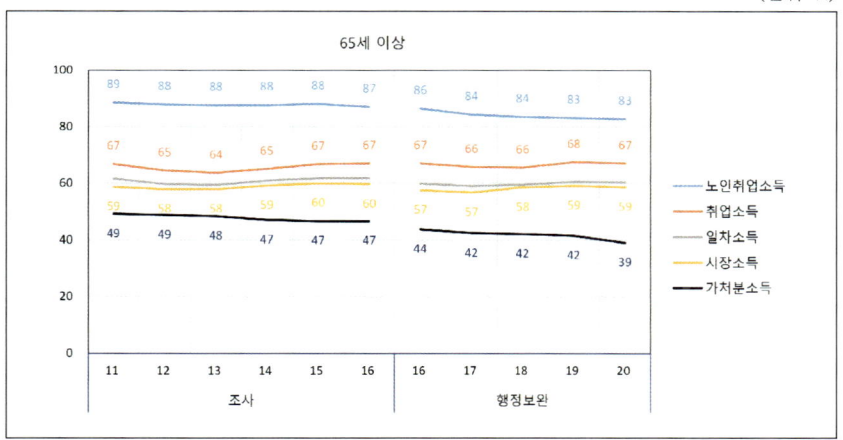

주: 가구 내에서 합산·균등화한 가구소득의 개인단위 분포이다. 노인취업소득은 가구 내 65세 이상 가구원 및 65세 이상 가구원의 배우자가 획득한 취업소득을 의미한다. 취업소득은 전체 가구원이 획득한 취업소득을 의미한다.
출처: "가계금융복지조사", 통계청. 각 연도; "노인빈곤과 기초연금의 관계:노인빈곤 완화를 위한 개편의 기초연구", 이원진 외, 2022, 보건복지부, 한국보건사회연구원, p. 67에서 재인용.

[그림 2-4] 노인 가구소득 빈곤갭 비율

(단위: %)

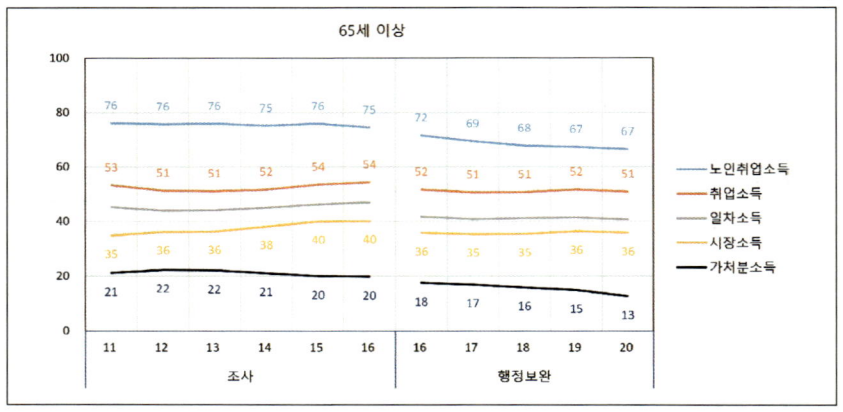

주: 가구 내에서 합산·균등화한 가구소득의 개인단위 분포이다. 노인취업소득은 가구 내 65세 이상 가구원 및 65세 이상 가구원의 배우자가 획득한 취업소득을 의미한다. 취업소득은 전체 가구원이 획득한 취업소득을 의미한다.
출처: "가계금융복지조사", 통계청, 각 연도; "노인빈곤과 기초연금의 관계:노인빈곤 완화를 위한 개편의 기초연구", 이원진 외, 2022, 보건복지부, 한국보건사회연구원, p. 68에서 재인용.

[그림 2-5]는 시장소득 기준 개별 공적 이전소득 항목 합산 전후 노인 빈곤율 변화량으로 평가한 공적 이전소득의 노인빈곤율 감소 효과를 보여준다. 이에 따르면, 공적연금의 노인빈곤율 감소 효과는 2011년 7.3%p에서 2016년 8.7%p로 증가하였고, 2016년 9.2%p에서 2018년 11.2%p로 증가하였지만, 2019~2020년 10.9% 수준에서 정체하였다. 기초(노령)연금의 노인빈곤 감소 효과는 2011년 2.2%p에서 2016년 3.6%p로, 2016년 3.7%p에서 2020년 5.0%p로 꾸준히 증가하였다.

다음으로, [그림 2-6]은 빈곤갭 비율을 활용하여 평가한 공적 이전소득의 노인빈곤 감소 효과를 보여준다. 이에 따르면, 기초연금의 노인빈곤 감소 효과는 공적연금에 비해 상대적으로 낮았으나, 기초연금의 빈곤갭 비율 감소 효과는 공적연금과 유사한 수준으로 증가하였다. 2020년 기초연금과 공적연금의 빈곤갭 비율 감소 효과는 각각 9.4%p, 10.0%p였다.

[그림 2-5] 노인 주요 공적이전소득의 빈곤율 감소 효과

(단위: %p)

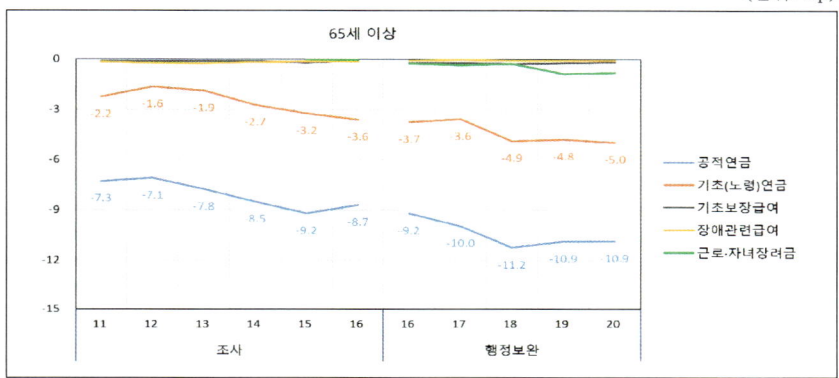

주: 가구 내에서 합산·균등화한 가구소득의 개인단위 분포이다. 〈시장소득+해당 공적이전소득 항목〉의 빈곤지표에서 〈시장소득〉의 빈곤지표를 차감한 값이다. 근로·자녀장려금은 2015년부터 조사되었다.
출처: "가계금융복지조사", 통계청. 각 연도; "노인빈곤과 기초연금의 관계:노인빈곤 완화를 위한 개편의 기초연구", 이원진 외, 2022, 보건복지부, 한국보건사회연구원, p. 72에서 재인용.

[그림 2-6] 노인 주요 공적이전소득의 빈곤갭 비율 감소 효과

(단위: %p)

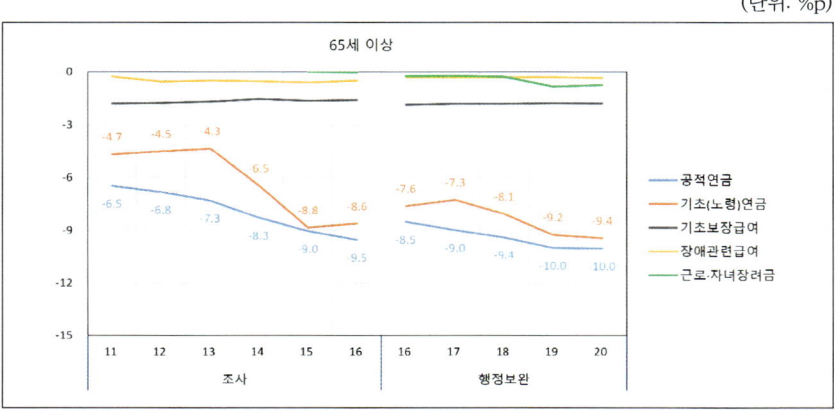

주: 가구 내에서 합산·균등화한 가구소득의 개인단위 분포이다. 〈시장소득+해당 공적이전소득 항목〉의 빈곤지표에서 〈시장소득〉의 빈곤지표를 차감한 값이다. 근로·자녀장려금은 2015년부터 조사되었다.
출처: "가계금융복지조사", 통계청. 각 연도; "노인빈곤과 기초연금의 관계:노인빈곤 완화를 위한 개편의 기초연구", 이원진 외, 2022, 보건복지부, 한국보건사회연구원, p. 73에서 재인용.

마지막으로, 〔그림 2-7〕은 가구유형 변화와 노인빈곤의 변화를 보여 준다. 이에 따르면, 비노인 가구주와 동거하는 노인의 빈곤 수준이 상당히 낮았는데, 2010년대에는 비노인 가구주와 동거하는 노인의 비율이 크게 감소하였다. 2011~2020년 노인 가구유형 변화가 2020년 노인 시장소득 및 가처분소득 빈곤율을 각각 3.1%p, 1.9%p 증가시켰고, 노인 시장소득 및 가처분소득 빈곤갭 비율을 각각 2.1%p, 0.6%p 증가시켰다.

[그림 2-7] 노인 가구유형과 빈곤

(단위: %, %p)

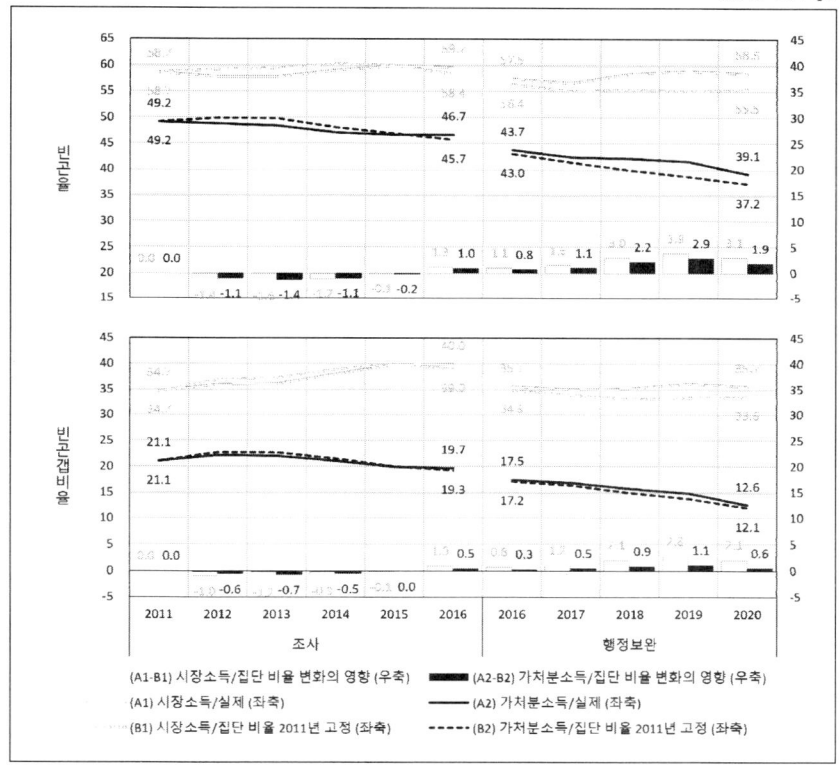

주: 가구 내에서 합산·균등화한 가구소득의 개인단위 분포이다.
· 노인 1인: 65세 이상 가구원 1명으로 구성된 가구를 의미한다.
· 노인부부 2인: 65세 이상 가구원 1명과 배우자로 구성된 가구를 의미한다. 배우자가 65세 이상인 사례와 64세 이하인 사례를 모두 포함한다.
· 무배우노인 가구주+비노인 가구원: 가구 내 배우자가 존재하지 않는 65세 이상 가구주와 64세 이하 가구원으로 구성된 가구를 의미한다.
· 노인부부 가구주+비노인 가구원: 가구주와 배우자가 모두 존재하고, 가구주 또는 배우자가 65세 이상이며, 가구주 및 배우자와 64세 이하 가구원으로 구성된 가구를 의미한다.
· 비노인 가구주+무배우노인: 가구주가 64세 이하이고, 가구주의 배우자가 없거나 64세 이하이며, 가구 내 배우자가 없는 65세 이상 가구원이 1명 존재하는 가구를 의미한다.
· 비노인 가구주+노인부부: 가구주가 64세 이하이고, 가구주의 배우자가 없거나 64세 이하이며, 부부 중 1명 이상이 65세 이상인 노인부부 1쌍이 존재하는 가구를 의미한다.

출처: "가계금융복지조사", 통계청. 각 연도; "노인빈곤과 기초연금의 관계:노인빈곤 완화를 위한 개편의 기초연구", 이원진 외, 2022, 보건복지부, 한국보건사회연구원, p. 78에서 재인용.

제3절 어떻게 전망할 것인가?

1. 전망의 개념과 모형

가. 전망의 개념[10]

사회정책 분야에서는 미래 전망과 관련하여 projection, forecasting, prediction, outlook 등의 용어들이 자주 사용되고 있다. 이들은 예측, 전망, 추계 등으로 번역되는데, 모두 미래를 내다본다는 유사성을 지니고 있으며, 때로는 혼용되기도 한다. 예를 들어, poverty outlook과 poverty projection은 '빈곤 전망'이라는 용어로 번역되는 경우가 많다. 그러나 전술한 용어들은 엄밀하게 다른 의미를 지니고 있으므로, 빈곤 전망 모형을 구축하기에 앞서 이를 정리할 필요가 있다.

전망과 관련된 Outlook의 사전적 정의는 누군가/무엇에 대한 예상되는 미래: 예상되는 미래 또는 일어날 가능성이 있는 일이다(Oxford English Dictionary, 2024). 이는 장래에 대한 전반적인 예상(prospect)으로, 데이터 분석 결과, 그간의 추세, 주요 변수 간 역사적 관계, 새로운 정보 등에 근거한 종합적인 판단이라 할 수 있다(OECD, 2024). 예를 들어, OECD의 경제 전망은 거시모형과 기타 데이터 분석 결과에 기반하지만, 관련 전문가들의 의견을 반영하여 모형의 세팅을 수정한다.

Prediction은 과거와 현재를 종합하여 미래를 예측하려는 시도로 (Saaty & Vargas, 1991), 데이터를 통해 관찰된 패턴이나 통계적 해석에 기초하여 향후 특정 사건이나 결과를 사전적으로 판단하는 과정이다

---

[10] 이 부분의 내용은 Saaty & Vargas(1991)와 Smith et al.(2002)를 주로 참고하였다. 사전적 정의는 모두 Oxford English Dictionary(2024)를 참조하였다.

(Makridakis, 1997, p. 6; Hyndman, 2018, p. 3). 이는 실현 가능성이 가장 높은 미래 상황을 예측하는 과정으로 확률적 성격을 지니고 있다.

Forecasting은 prediction의 한 특별한 형태로, 과거로부터 축적된 데이터에 기반하여 미래의 데이터를 생성하거나 예측하는 과정이다(Saaty & Vargas, 1991). 이는 데이터 분석 및 통계 모델을 통해 미래를 체계적으로 추정하며, 예측의 정확성을 높이기 위해 다양한 방법을 결합하거나 정성적 요인을 고려하기도 한다(Elliott & Timmermann, 2013, p. 694; Hyndman, 2018, p. 12). 이는 가장 신뢰할 수 있는 예측 결과(accurate prediction)를 의미하므로, 전문가의 명시적 판단을 포함한다. 데이터와 방법론적 가정의 최적 조합에 대한 분석가의 견해가 반영되지만, 특정 조건을 전제하지 않는 진술(unconditional statement)이라 할 수 있다(Smith et al., 2002).[11]

마지막으로 projection은 미래 사건과 관련된 수치적인 값을 계산하는 데 사용된다(Saaty & Vargas, 1991). 이는 미래의 추세에 관한 일련의 가정에 기초하여 이루어지는 조건부 진술(conditional statement)로, 주어진 조건 하에서 특정 요소가 일정하게 유지되거나 변화되는 상황을 설명하는 것이다(Smith et al., 2002). 이는 가정의 실현 가능성을 판단하지 않으며, 어디까지나 특정 가정 또는 시나리오 하에서의 결과를 설명하는 데 초점을 둔다(George et al., 2004, p. 2; Smith et al., 2002, p. 7).

---

[11] 물론 미래에 관한 모든 예측은 기본적 전제를 내포하므로 엄밀히는 조건부 진술에 해당한다.

나. 접근 방식과 전망기간에 따른 분류[12]

여기에서는 전망 모형을 접근 방식과 전망 기간에 따라 구분하여 살펴본다. 먼저, 거시 모형은 국가, 사회, 경제 등 거시적 단위에 초점을 맞춘다. 이는 거시적 추세에 관심을 두며, 국민계정, 거시경제 지표, 인구 구조 등 거시 변수를 활용하여 중장기적인 변화와 그 파급 효과를 전망하는 것을 주된 목적으로 한다(Morgan, 2012). 의료 지출을 예로 들어보면, 거시 모형은 건강 지출 증가가 전체 경제에 미치는 영향에 관심을 두며, 건강 지출 증가나 상대 가격 변화가 소비자와 산업 전반에 미치는 영향을 분석한다(Astolfi et al., 2012). 대표적인 거시 모형으로는 시계열 모형, 일반균형모형(CGE, DSGE 등), 입출력 모형(input-output model) 등이 있는데, 특히, 일반균형모형은 경제 전반에 영향을 미치는 추세적 요인을 포착하거나 외부 충격이 경제에 미치는 영향, 또는 정책개혁의 거시경제 및 가격 효과에 미치는 영향을 분석하는 데 강점이 있지만, 분배적 영향은 포착하지 못한다는 한계가 있다(Cockburn et al., 2014). 미시적 경제 주체의 특성을 지나치게 단순화하여 세밀한 변화를 반영하기 어렵고, 구체적인 정책실험이 어렵다는 한계도 지닌다.

반면, 미시모형은 개인, 기업, 가계와 같은 미시적 개체의 행태에 초점을 둔다(Brown & Harding, 2002, p. 6). 이는 미시적 개체의 고유 특성이나 상호작용을 중시하며, 미시적 주체의 행태변화, 경제 외부의 환경변화, 제도 변화가 미시적 개체에 미치는 영향을 분석하는 것을 주된 목적으로 한다(Morgan, 2012). 대표적인 미시모형으로는 행위자 기반 모형(ABM), 마이크로시뮬레이션 모형 등이 있다. 이들은 개별 주체의 의사결정 과정을 반영할 수 있으며, 미시적 개체의 행태 및 상호작용을 상세히

---

[12] 이 부분의 내용은 Morgan(2012)과 Astolfi et al.(2012)을 주로 참조하였다.

모형화할 수 있다는 장점이 있으나(Astolfi et al., 2012), 모형 구축에 방대한 데이터가 필요하며, 계산 비용이 많이 들거나 모형의 복잡성이 증가하여 예측의 정확성이 저하될 수 있다는 한계도 있다.

한편으로, 전망 모형은 전망 기간에 따라 단기와 중장기로 분류할 수 있다. 먼저, 단기 전망은 예측의 정확성에 초점을 준다. 이는 최근 경제지표, 정책 변화, 급격한 경기 침체 등의 요인들을 고려하여 빠르고 정확하게 예측하는 것을 주된 목적으로 하며, 신속한 정책대응 방안을 마련하기에 유용하다. 다만, 전망기간이 짧고 추세에 대한 의존도가 높아, 갑작스러운 외부환경의 변화나 사회 구조 변화를 반영하기 어렵고, 정책개입 효과를 분석하기 어렵다는 한계가 있다(Astolfi et al., 2012).

중-장기 전망은 현재의 추세 또는 사회경제적 상태가 지속될 경우 사회가 어떠한 방향으로 나아갈지 파악하고 정책입안자가 사건의 변화 경로를 사전에 조정할 수 있는 기회를 제공한다(Astolfi et al., 2012). 이는 종합적인 관점에서 접근하므로 장기 재정계획을 수립하거나 정책개발에 유용하며, 다양한 변수들을 포함할 수 있는 MSM, 구조 모형, 일반균형 모형 등이 활용되고 있다. 전술한 모형들은 매개변수 설정 및 가정에 민감하며, 장기 예측의 불확실성과 오류 누적으로 인해 전망의 정확도가 저하될 가능성도 있다.

2. 주요 빈곤 전망 모형

여기에서는 국내외 주요 빈곤전망 모형들을 살펴본다. 서론에서 언급한 것처럼 다양한 국제기구 및 정부 기관들(World Bank, The United States Social Security Administration[SSA](미국), Bank of Italy [BOI](이탈리아) 등)이 공적연금 및 노후빈곤 전망 모형을 개발하여 운용하고 있다. 한편으로, Kitao(2014), Nishiyama(2015), 안서연, 최광성(2022), 권혁진, 류재린(2018) 등 개별 연구자 차원에서 빈곤전망을 시도한 연구들도 있다. 이들은 접근방법에 따라 크게 거시 모형(Kitao, 2014; Nishiyama, 2015), 미시모형(SSA(미국), BOI(이탈리아), 안서연, 최광성, 2021; 권혁진, 류재린, 2018), 거시-미시 혼합 모형(World Bank)으로 나눌 수 있는데, 사용 목적, 범위, 사용하는 자료, 분석 기간 등이 상이하며, 각기 다른 장단점과 특징을 지니고 있다. 이하에서는 각 모형의 구조와 특징을 간단히 살펴본다.

가. GIDD(World Bank)[13]

세계은행은 전 세계의 빈곤 수준을 예측하고, 거시경제적 충격이 다양한 지역의 빈곤과 불평등에 미치는 영향을 분석하기 위한 플랫폼인 PIP (Poverty and Inequality Platform)를 운영하고 있다.[14] 이는 전 세계 인구의 대부분을 포괄하는 168개국에서 실시된 2,100개 이상의 가구 조사 데이터를 포함하고 있으며(Jolliffe, 2023, p. 8), 이를 토대로 전 세계의 빈곤, 불평등 등에 대한 추정치를 생성한다(World Bank, 2024). 이는 2017년 PPP(Purchasing Power Parity) 기준 하루 $2.15의 국제 빈곤선(International Poverty Line)을 포함한 다양한 빈곤선을 기준으로 빈곤율을 추정하며(Jolliffe, 2023, p. 20), 교육, 건강, 생활 수준 지표를 포함하여 다차원적 빈곤에 대한 측정도 가능하다(World Bank, 2024, p. 74). PIP는 미래의 빈곤 추세에 대한 예측은 제공하지는 않지만, 매우 가까운 미래에 대한 예측치를 제공한다(World Bank, 2024).

---
13) PIP에 대해서는 Jolliffe(2023)를, 중장기 빈곤전망 모형에 관해서는 Lakner et al. (2022), Bussolo et al.(2008)을 참조하기 바란다.
14) 기존에 운영하던 PovcalNET은 PIP로 대체되었다.

한편으로, 세계은행은 거시모형과 미시모형을 연결한 결합 모형을 통해 빈곤을 전망하고 있다(Bussolo et al., 2008; Lakner et al., 2022). 이는 전세계의 거시경제 변화가 개별 국가의 가구 단위 빈곤에 미치는 영향을 분석하기 위함이다. 대표적인 모형으로는 동태적 연산일반균형 (Dynamic Computable General Equilibrium model)과 MSM을 결합한 Global Income Distribution Dynamics[GIDD]가 있다 (Bussolo et al., 2008). 이 모형은 외부의 거시적 전망치와 미시적 자료를 결합한 뒤 이를 거시모형과 미시모형에 모두 반영하여 미시적 분포를 추정한다([그림 2-8] 참조). 예를 들어, 숙련 노동과 비숙련 노동의 이동과 같은 노동시장 변화를 거시적으로 모형화한 뒤, MSM에 투입하여 가구 단위의 변화에 미치는 영향을 분석한다(Bussolo et al., 2008).

[그림 2-8] GIDD의 구조

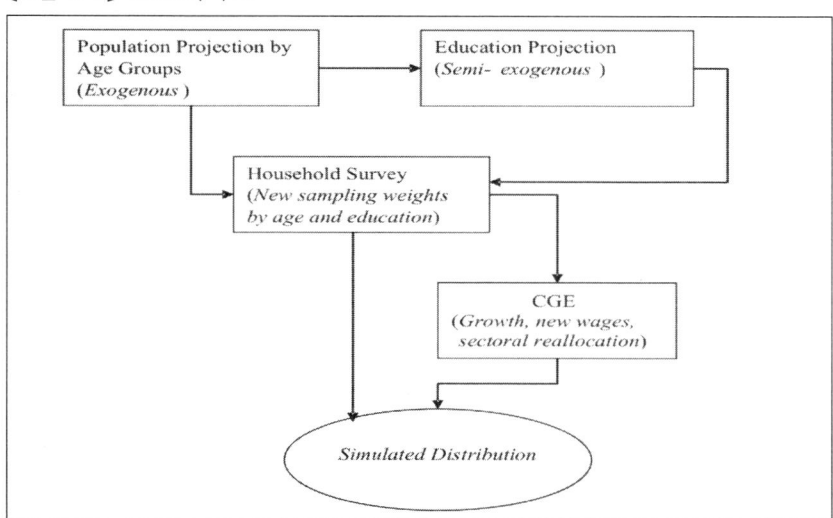

출처: "Economic growth and income distribution: linking macroeconomic models with household survey data at the global level", Bussolo et al., 2008, International Journal of Microsimulation, p. 94. Copyright 2008 by International Microsimulation Association.

이는 거시 경제 및 정책 변화가 개인 또는 가구 단위로 측정되는 빈곤과 불평등에 미치는 영향을 세밀하게 분석할 수 있다는 장점을 지닌다. 다만, 미시자료에서 제공되는 정보의 양이나 최신성이 MSM의 신뢰도에 영향을 미칠 수 있고, 거시모형이 실제 세계의 복잡성을 잘 포착하지 못한다는 한계가 있다는 점에 유의해야 한다(Bussolo et al., 2008). 이에 세계은행은 COVID19가 빈곤과 불평등에 미치는 영향을 고려하여 자료 수집 주기를 단축하고, 빈곤 추세에 대한 실시간 업데이트를 제공하고 있다(Lakner et al., 2022).

나. MINT[15]

Modeling Income in the Near Term[MINT]는 미국 SSA의 자금 지원을 통해 Urban Institute에서 개발한 MSM이다(Smith & Favreault, 2013). 이는 사회보장급여, 연금, 저축, 소득 등을 포함한 개인의 미래 퇴직 소득을 예측하는 것을 목적으로 한다. 동 모형은 1990년부터 개발되어 최신 자료 및 정책 가정을 통합하여 정기적으로 업데이트되며 발전하였다(Smith & Favreault, 2019). 최신 버전인 MINT ver8은 2021년에 개발이 마무리되었다.

MINT는 개인 수준 데이터를 사용하여 노동시장 진입 시점부터 은퇴 시점까지의 생애 기간을 시뮬레이션한다(Smith & Favreault, 2013). 이는 인구통계, 근로 이력, 노동, 저축 행태, 가구 구성 변화, 연금 가입 및 수급, 사회보장 급여에 대한 자세한 정보를 바탕으로 미래 노인의 소득 분배 및 빈곤을 추정한다([그림 2-9] 참조)(Smith & Favreault, 2019).

---

15) MINT에 대해서는 Smith et al.(2013). Smith and Favreault(2019) 등을 참조하기 바란다.

동 모형은 다양한 대규모 전국 단위 조사 자료와 행정 자료를 결합한 자료에 기반한다. 예를 들어, 가족 구성 및 소득에 관한 정보를 담고 있는 SIPP(Survey of Income and Program Participation), 사회보장급여 계산과 관련된 SSA의 행정 데이터, 그리고 미국 노년층의 건강 및 재정에 관한 자료인 HRS(Health and Retirement Study) 등이 포함된다.

MINT는 미래 은퇴자의 사회보장급여, 연금, 저축 및 소득 분포의 추정 치를 제공하며, 따라서 향후 은퇴자가 될 개인의 복지, 사회보장 체계 개편의 영향, 그리고 재정적 지속 가능성을 검토하는 데 주로 이용되고 있다. 예를 들어, 급여 삭감 또는 인상, 퇴직 연령 변경, 급여세 조정 등의 변화가 노인의 소득 및 빈곤에 미치는 영향을 분석한다(Smith & Favreault, 2019). 전망 기간은 20~30년 정도이다.

동 모형은 미시 자료에 기반하여 개인의 생애 주기, 소득 및 가족 구성 변화를 반영한 세밀한 시뮬레이션 결과를 제공하며, 정책 시뮬레이션이 가능하다는 장점을 지니고 있다. 동태모형이므로, 개인의 노화 및 생애 사건을 설명할 수 있다는 점도 장점이다(Smith & Favreault, 2019). 이는 MSM의 일반적인 특징 중 하나이다. 여러 설문조사와 행정 자료를 결합한 광범위한 자료에 기초하고 있어, 현실 설명력이 높다는 것도 이 모형의 장점 중 하나이다(Smith & Favreault, 2013). 다만, 동 모형은 미래의 사회·경제적 상황에 대한 수많은 가정에 의존하며, 따라서 외부적 충격이나 미래의 사회·경제적 환경 변화를 반영하기 어렵다는 한계가 있다(Smith & Favreault, 2013). 이는 중장기 전망을 시도하는 모든 모형들이 공유하는 약점이기도 하다.

[그림 2-9] MINT의 주요 사건 처리 과정

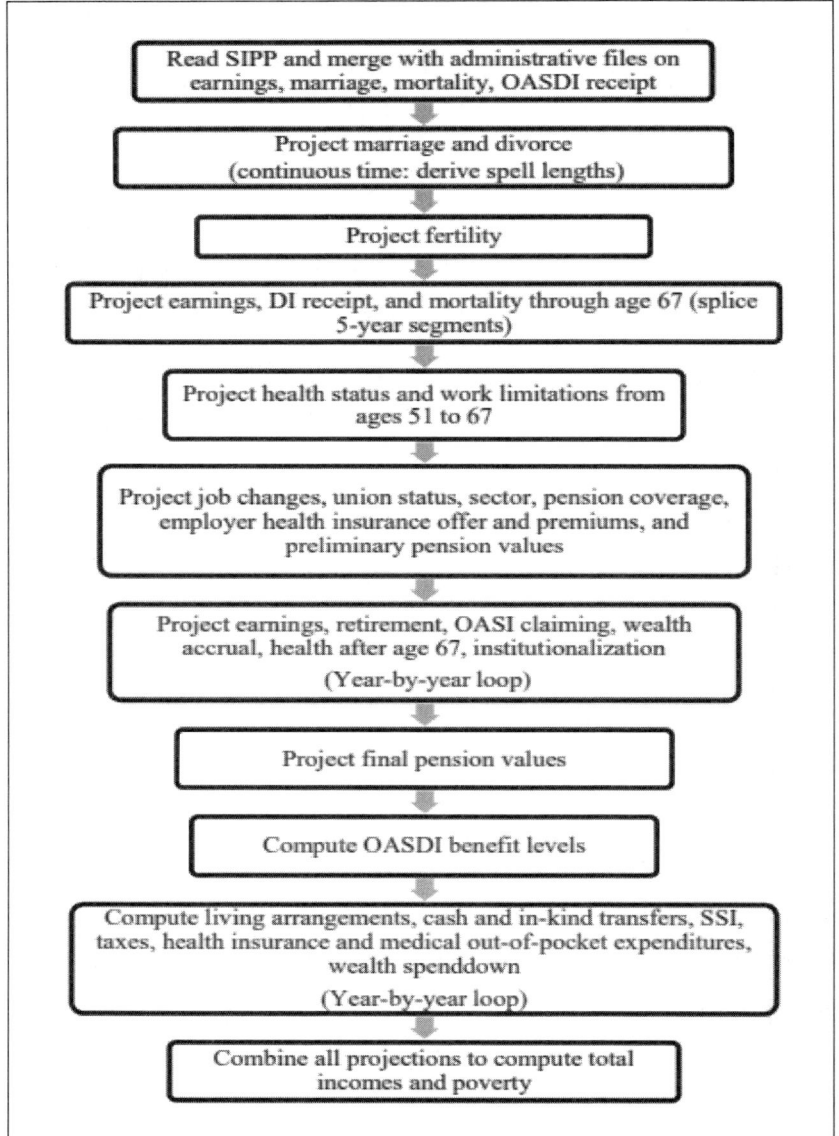

출처: "A primer on Modeling Income in the Near Term, version 7 (MINT7)", Smith & Favreault, 2013, Urban Institute, p. 13. Copyright 2013 by Urban Institute.

다. BIMic[16]

BIMic(Banca d'Italia Microsimulation Model)은 이탈리아의 소득 분배, 조세 정책 및 사회보장제도의 결과를 분석하기 위해 이탈리아 중앙은행이 개발한 MSM이다(Curci et al., 2020, p. 12). 2000년대 초반부터 개발되었으며, 이탈리아 재정 정책의 변화를 반영하여 정기적으로 업데이트되고 있다.

동 모형은 시간의 흐름을 고려하지 않는 정태모형으로, 단기적인 정책 효과 분석에 특화되어 있다. 이는 조세 체계 개편, 연금 개혁, 실업급여 등 정부의 재정정책 변화가 소득 분배에 미치는 영향을 사전적으로 평가하는 데 주로 활용되고 있다. 이 모형은 이탈리아 전체를 분석 대상으로 하며, 이탈리아 내 지역적 차이와 소득계층별, 가구 구성별, 고용 상태별 차이를 분석한다(Curci et al., 2020, pp. 12-19).

동 모형은 이탈리아의 조세 및 사회보장 시스템과 관련된 행정 자료와 가계의 소득, 고용 및 가구에 대한 정보를 제공하는 유럽 연합의 Income and Living Conditions(EU-SILC) 자료를 결합하여 사용한다. 정태적 모형인 BIMic은 회계 연도 또는 향후 2~3년의 효과에 대한 시뮬레이션을 수행하며, 최종적인 산출물은 순가처분 소득의 추정치와 빈곤 및 불평등 지표, 재정적 지속 가능성 지표 등이다(Curci et al., 2020, pp. 12-13).

동 모형은 조사 자료인 EU-SILC와 행정 자료를 결합하여 사용하는데, 설문조사에 대한 의존성이 높아 기초자료의 정확성이 낮아질 우려도 존재한다. 또한 동 모형은 정태 모형이므로, 시간의 흐름 또는 정책 변화 전후의 행태 변화를 고려하지 못하고, 장기적인 정책 효과를 측정하지 못한다는 한계가 있다(Curci et al., 2020, pp. 12-15).

---

16) 이에 관해서는 Curci et al.(2020)을 참조하기 바란다.

라. 일반균형 모형

　일반균형모형을 통해 장기적인 소득 분배 및 빈곤 변화를 전망한 연구로는 Kitao(2014), Nishiyama(2015) 등이 있다.
　먼저, Kitao(2014)의 지속가능한 사회보장 모형(Sustainable Social Security Model)은 인구 고령화와 같은 인구통계학적 변화에 직면하여 미국 사회보장 시스템을 지속 가능하게 만들 수 있는 정책 옵션을 평가하기 위해 개발된 중첩세대모형이다. 이 모형은 정책 옵션의 장기적인 파급 효과를 추정하여 제시한다. 동 모형은 일반균형모형의 틀에 기초하여 생애주기 전반에 걸친 개별 경제주체의 의사 결정과 거시경제적 상호작용을 모두 고려한다. 소비, 저축, 노동 참여, 은퇴 등을 시뮬레이션하며, 다양한 사회보장 개혁이 장기에 걸쳐 노동 공급, 은퇴 결정, 저축 행동, 경제 성장, 재정, 빈곤, 자본 스톡에 미치는 영향을 분석한다.
　동 모형은 거시경제 이론에 기초하여 일반균형을 고려하므로 이론적 기반이 튼튼하고, 여러 정책 옵션을 고려하여 각 정책 옵션의 거시경제적 파급 효과를 분석한다는 장점이 있다. 그러나 개인의 노동 공급 등 몇몇 모수들을 외생적으로 가정함으로써 개별 경제주체의 이질성을 완전히 반영하지 못하거나, 거시모형의 특성상 정책 옵션들을 세밀하게 반영할 수 없다는 한계를 지니고 있다.
　Nishiyama(2015)의 일반균형모형은 인구 고령화 상황에서 재정 정책 변화의 경제적 효과를 평가하기 위한 목적으로 미국 Congressional Budget Office (CBO)에서 개발한 것이다. 동 모형은 조세 인상 및 이전지출 삭감과 같은 연방 재정 조정이 1인당 GDP, 노동 참여를 포함한 전반적인 경제 성과에 미치는 영향을 평가한다. 이 모형 역시 미국을 분석 대상으로 하여 재정정책의 효과를 평가하며, 그 주요 특징은 Kitao(2014)의 모형과 유사하다.

마. 국내 모형

우리나라에서 중장기적 빈곤 전망을 시도한 연구로는 안서연, 최광성(2022), 권혁진, 류재린(2018) 등이 있다.

먼저, 안서연, 최광성(2022)의 NPRI 빈곤 전망 모형은 미래의 노인 빈곤율에 대한 전망과 연금 개혁 시나리오가 노인빈곤에 미치는 영향을 분석하는 것을 목적으로 한다. 이 모형은 소득대체율 인상, 기초연금 인상 등 여러 연금 개혁 시나리오를 적용하며, 2085년까지 장기 빈곤 전망을 시도하고 있다. 기초자료는 가계금융복지조사 자료이다(안서연, 최광성, 2022, p. 46).

이 모형의 장점은 연금의 급여 변화가 노인빈곤에 미치는 영향과 연금 개혁이 장기적으로 빈곤율에 미치는 영향을 전망할 수 있다는 점이다(안서연, 최광성, 2022, p. 72). 그러나 이 모형은 개인의 상태 변화가 반영되지 않는다는 방법론적 한계를 지닌다. 즉, 개인의 출산 및 사망을 시뮬레이션하지 않으며, 기초자료와 미래 인구 전망치의 비율 변화를 이용해 가중치를 재조정하는 방식으로 인구 변화를 시뮬레이션한다. 이는 공적연금을 제외한 소득 및 자산이 인구 가중치에 의해서만 변화하는 구조로, 코호트 효과가 강한 우리나라의 빈곤 전망에 적합하다고 보기 어렵다.

다음으로, 권혁진, 류재린(2018)은 한국보건사회연구원에서 개발한 동태적 MSM인 DOSA(v1.2)를 이용하여 연금 개혁이 가계의 소득 및 빈곤에 미치는 영향을 평가하였다. 이 모형은 개인의 출산, 사망, 경제활동, 결혼 및 이혼 등의 생애 사건들을 고려한 모형으로, 소득대체율 변화, 보험료율 변화 등 연금 개혁에 대한 다양한 시나리오를 검토할 수 있다는 장점을 지닌다. 동 모형은 2005년 인구주택총조사의 1% 표본 자료와 여러 패널 데이터 및 행정 데이터를 결합한 자료를 기초로 하며, 2095년까지 장기 전망을 시도한다.

이 모형은 동태적 MSM의 장점을 활용해 보다 세밀한 전망이 가능하지만, 소득 측면에서 근로 및 사업 소득과 공적연금만을 고려한다는 한계가 있다. 이에 따라 상대빈곤율이 아니라 최저생계비를 기준으로 빈곤율을 평가하고 있다는 점도 한계점 중 하나이다. 전술한 모형들의 주요 특징은 다음의 〈표 2-1〉에 정리되어 있다.

〈표 2-1〉 주요 빈곤 전망 모형의 특징

모형	GIDD	MINT	BIMic	Kitao(2014)	Nishiyama (2015)	안서연·최광성 (2021)	권혁진·류재린 (2018)
개발 주체	World Bank	미국 SSA, Urban Institute	이탈리아 중앙은행	-	미국(CBO)	국민연금연구원	한국보건사회연구원
목적	빈곤 전망, 정책 평가 분석, 영향 평가	미래 퇴직소득 전망, 사회보장 개혁 평가	조세 및 복지정책의 효과 분석	사회보장의 지속 가능성 제고를 위한 정책옵션 평가	인구고령화에 따른 재정 정책 평가	노인빈곤율 전망 및 공적연금 개혁 효과 평가	공적연금 개혁이 급여적정성 및 재정적 지속가능성에 미치는 영향 평가
접근법	Macro (Macro-Micro)	Micro	Micro	Macro	Macro	Micro	Micro
방법론	CGE-MSM 결합	MSM	MSM	OLG	HA-OLG	MSM	MSM
범위	전세계 및 개별국가	미국 (전국 및 지역)	이탈리아 (전국 및 지역)	미국	미국	한국	한국
전망 기간	중장기 (5~10년)	장기 (20~75년)	단기 (당해연도 또는 2~3년)	장기	장기	장기 (~65년)	장기 (~75년)
기초 자료	거시경제자료, 국제기구자료, 개별 국가의 조사자료	SIPP, HRS, 행정자료	EU-SILC, 행정자료	행정자료, PSID 등	인구전망치, 행정자료 등	가계금융복지조사 국민연금DB, 장해연금DB 등	2005년 인구주택총조사 1%표본, 패널자료, 국민연금DB 등
최종 산출물	빈곤율, 빈곤갭, 지니계수 등	퇴직소득 전망, 빈곤율 등	순가처분소득, 빈곤율, 불평등 지수	빈곤율, 노동 참여, 저축, 경제 성장, 사회총후생		노인빈곤율	최저생계비 기준 빈곤율, 실질소득대체율 등

출처: 필자 작성

제4절 모형 구축에 대한 시사점

이 장에서는 빈곤의 개념과 측정, 노인빈곤의 현황과 원인, 전망의 개념과 방법론, 고려사항에 대해 살펴보았다. 이는 중장기 노인빈곤 전망 모형 구축을 위한 사전 작업이라 할 수 있다. 지금까지 살펴본 내용들로부터 얻을 수 있는 시사점은 다음과 같다.

첫째, 여러 빈곤의 개념 중에서 상대적 빈곤의 개념을 적용하는 것이 논의의 출발점이 될 수 있다. 현재 우리나라는 상대적 빈곤 개념을 적용해 기초보장제도를 운영하고 있으며, OECD를 비롯한 국제기구들 역시도 상대빈곤의 개념을 적용하고 있다. 절대적 빈곤에 대한 전망의 필요성이 다소 낮다는 점도 이를 지지한다. 2000년대 이후 절대적 빈곤의 측정을 시도한 선행연구들은 우리나라의 절대 빈곤 문제가 거의 해결되었다는 결과를 내고 있다(유경준, 2009; 우석진, 2011). 한편으로 주관적 빈곤과 다차원적 빈곤에 대한 중장기 전망은 매우 어렵거나 불가능하다. 개인의 주관적 판단에 대한 전망은 불가능하며, 다차원적 빈곤을 측정하기 위해서는 여러 차원에 대한 중장기 전망이 필요하기 때문이다. 특히, 다차원적 빈곤의 측정은 방대한 기초자료를 요구한다. 따라서 초기 단계에서는 상대적 빈곤의 개념을 적용하여 모형을 구축한 뒤, 향후 모형의 범위를 점진적으로 넓혀가면서 다차원적 빈곤 전망을 고려하는 것으로 확장하는 것이 합리적인 전략이라 할 수 있다.

둘째, 소득 기반 지표를 이용해 빈곤을 전망하되, 추후 자산을 고려할 수 있도록 모형을 확장해 나갈 필요가 있다. 앞서 살펴보았듯이 상대적 빈곤은 소득에 기반하여 측정되는 것이지만, 대안적 측정 방법으로 소비와 자산, 특히 자산에 대한 고려 필요성이 제기되고 있었다. 그러나 미래의 소비와 자산 분포의 변화에 대한 정보와 연구결과가 부족하다. 더욱이,

우리나라는 자산 내 실물자산, 특히 가격변동이 큰 부동산의 비중이 높아 먼 미래의 자산 분포에 대한 예측이 어렵다. 자산을 소득화하는 과정에서 주관이 개입될 수밖에 없다는 점에 대한 고려도 필요하다.17) 따라서 모형 구축 초기 단계에서는 소득 분포를 전망하는 것에 주력한 뒤, 향후 소비 또는 자산을 고려한 다차원적 빈곤 측정으로 모형의 범위를 확장해 나가는 것이 바람직해 보인다.

셋째, 정확한 예측보다는 시나리오 분석에 초점을 맞출 필요가 있다. 즉, 시계열 자료에 기반한 예측(forecasting) 모형보다는 정책 시나리오 분석에 용이한 추계(projection) 모형의 개발이 필요하다. 현재의 연금 개혁 논의에서 보다 중요한 것은 단기적인 효과보다도, 중장기적으로 노인빈곤이 얼마나 완화될 것인지에 대한 전망이다. 이는 공적연금의 구조개혁이 불가피하고, 앞으로의 제도 방향에 대한 사회적 합의가 부족하다는 점에서 비롯된다. 장기적 지향점을 설정하는 과정은 다양한 시나리오 분석 결과를 요구하기 때문이다. 현재 연금개혁 논의에서 주요 쟁점들(보험료율과 소득대체율 조정, 가입상한연령 연장, 수급개시연령 연장, 자동조정장치 도입 등)은 현재의 노인빈곤보다는 미래의 노인빈곤과 밀접하게 연결되어 있다. 따라서 가까운 미래에 대한 정확한 예측보다는 시나리오 분석에 초점을 둔 모형의 효용이 더 클 것으로 보인다.

넷째, 거시적 접근과 미시적 접근을 모두 시도할 필요가 있다. 앞선 논의에서 확인했듯이 빈곤전망 모형들은 크게 거시모형과 미시모형으로 나눌 수 있다. 전자는 특정한 제도 변화가 경제 전반에 미치는 영향을 분석할 수 있다는 강점이 있으며, 후자는 제도 변화를 상세히 모형화하고 그러한

---

17) 다만, 현재 기초연금, 국민기초생활보장제도 등의 복지급여가 소득과 자산을 모두 고려한 '소득인정액'을 이용해 수급자를 결정하고 있으므로, 자산에 대한 중장기 전망 역시 필요하다. 이를 고려할 때 모형의 구축 단계에서는 단순하고 강한 가정을 적용하여 자산 분포를 전망하고, 추후 모형의 완성도를 높여나가는 과정에서 자산에 대한 전망을 고도화할 수 있겠다.

변화가 미시적 개체에 미치는 영향을 분석할 수 있다는 장점이 있다. 이때, 상대빈곤율 지표와 밀접하게 연결된 개인 및 가구 소득과 가구 구성의 변화는 모두 미시적 분석을 요구한다. 또한 고령화로 인한 생산성 저하, 저성장 등의 거시경제 여건과 보험료 인상에 따른 가처분소득 하락 등을 고려하면, 연금개혁 등의 제도 변화가 거시경제와 빈곤에 미치는 영향이 반영되어야 한다. 따라서 거시 모형과 미시 모형을 병행하여 개발하되, 각 모형의 완성도를 높인 이후에는 이를 통합하는 방향으로 확장해 나갈 필요가 있겠다.

제3장

동태확률일반균형 모형을 이용한 소득보장제도의 빈곤완화 효과 분석

제1절 연구의 배경 및 목적
제2절 연구내용
제3절 선행연구 분석
제4절 모형 경제의 설정
제5절 모형의 캘리브레이션

제3장 동태확률일반균형 모형을 이용한 소득보장제도의 빈곤완화 효과 분석

제1절 연구의 배경 및 목적

급격하게 진행되고 있는 인구고령화로 인한 사회·경제적 측면의 부정적 영향을 완화하기 위해서는 노후소득보장체계의 개편이 필요하며, 이를 위해서는 특정 개혁 방안이 미래의 노후소득과 빈곤에 미치는 영향을 사전적으로 검토할 필요가 있다. 노후소득보장체계의 개편은 전 생애(lifetime)에 걸쳐, 미래를 합리적으로 예측하여 의사결정을 내리는 경제주체들의 소비, 노동공급 및 저축 선택에 영향을 미칠 수 있다. 따라서 노후소득보장체계 개편으로 직접 영향을 받는 특정 시점뿐만 아니라 생애소득의 관점에서도 소득분포를 변화시킬 수 있다. 그리고 정부가 노후소득보장체계 개편 및 운영에 필요한 재원을 마련하는 방식도 경제주체들의 의사결정에 영향을 미쳐 추가적으로 소득분포에 영향을 미치게 된다.

이처럼 노후소득보장체계의 변화가 경제주체들의 의사결정에 영향을 미쳐 노후소득 및 빈곤에 미치는 영향이 상당하며 그 경로도 다양할 것으로 기대되지만, 현재는 이러한 영향 및 경로를 정밀하게 분석할 수 있는 도구가 충분하지 않은 상황이다. 해외 주요국은 다양한 모형들을 활용하여 노후소득보장제도의 변화가 미래 은퇴자들의 소득분배와 빈곤에 미치는 영향을 사전적으로 검토하고 있다. 예를 들어, World Bank(PovcalNet), EU(Ageing Report) 등의 국제기구와 미국의 SSA(MINT), 이탈리아의 BOI(BIMic) 등의 정부기관에서 연금소득 및 노후빈곤 전망 모형을 개발 및 운용하고 있다. 그러나 이러한 모형들은 동태확률일반균형(DSGE, Dynamic Stochastic General Equilibrium) 모형이 아니기 때문에 노후

소득보장체계의 변화가 경제주체들의 의사결정에 미치는 영향을 직접 고려하지 못할 뿐 아니라 노후소득보장체계 변화가 실질임금과 실질이자율에 미치는 일반균형 효과를 반영하지 못하는 한계가 있다.

한국에서는 국내의 몇몇 연구들(예, 김원섭 외(2016), 권혁진, 류재린(2015; 2018), 안서연, 최광성(2022))은 공적연금 개편에 따른 중장기 노인빈곤 전망을 시도하였으나, 방법론상 일반균형 효과를 명시적으로 반영하지 못하는 한계가 있다. 동태확률일반균형 모형을 활용하여 공적연금제도 개편의 거시경제 및 소득재분배 효과를 살펴본 이영재 외(2019)에서는 공적연금 제도 개편이 거시경제 변수와 더불어 소득재분배에 미치는 효과를 살펴보았으나, 노후소득보장체계의 중요한 한 축인 국민기초생활보장제도를 고려하지 못하였으며 명시적으로 노인빈곤에 초점을 두어 분석을 수행하지는 않았다. 또한 경제주체의 노동공급이 외생적인 확률에 따라 결정되기 때문에 모형 내에서 정책변화에 따른 내생적인 노동공급 변화가 나타나지 않는 한계가 존재한다.

본 연구는 국내 선행연구에서 명시적으로 다루어지지 않은 국민기초생활보장제도와 내생적 노동공급 결정을 반영한 동태확률일반균형 모형을 구축하여 중장기적 노후빈곤 정도를 분석하고, 개별 노후소득보장제도가 노후소득과 빈곤에 미치는 영향을 분석한다. 여러 형태의 동태확률일반균형 모형 중 노후소득보장체계 개편이 노후소득과 빈곤에 미치는 영향을 분석하기에 적합한 모형은 이질적 경제주체 중첩세대 모형(Heterogeneous Agent Overlapping Generations Model)이다. 구체적으로 본 연구에서는 국민기초생활보장제도(생계급여), 국민연금, 기초연금 등 한국의 대표적인 노후소득보장제도를 반영한 중첩세대 모형을 구축하고, 이를 활용하여 각 제도의 도입 여부 또는 제도의 개편이 균제상태(steady state)에서의 노후 소득재분배 및 노후빈곤에 미치는 영향을 분석한다.

제2절 연구내용

　본 장에서는 노후소득보장제도의 변화가 경제주체들의 의사결정에 영향을 미쳐 노후소득 및 빈곤에 미치는 일반균형 효과 및 그 경로를 정밀하게 분석하기 위해 한국의 노후소득보장제도가 반영된 이질적 경제주체 중첩세대 모형을 구축한다. 세대 내 경제주체의 이질성을 명시적으로 고려한 이영재, 한종석, 홍재화(2019), 한종석, 김선빈, 장용성(2021) 등의 국내 선행연구를 주로 참고하여 모형을 구축하되, 선행연구와 달리 생계급여 제도를 중심으로 국민기초생활보장제도가 명시적으로 반영된 이질적 경제주체 중첩세대 모형을 개발한다. 또한 이영재 외(2019)와 다르게 노동공급이 모형 내에서 내생적으로 결정되도록 모형을 설계한다. 이질적 경제주체 중첩세대 모형 개발에는 모형의 설계, 모형의 캘리브레이션, 모형의 계산 등의 절차가 필요하며, 이 과정에서 다양한 자료 작업과 복잡한 계산(computation)이 요구되므로 모형 구축 및 분석에 상당한 시간이 필요하다. 본 연구에서는 시간 제약 등 주어진 여건상 균제상태 분석에 초점을 둔 기초적인 수준의 모형 구축을 시도하고 후속연구를 통해 이행동학(transition dynamics)까지 반영한 정밀한 모형으로 발전시킬 수 있기를 기대한다.

　본 연구에서 구축하는 이질적 경제주체 중첩세대 모형은 생계급여 제도 변화가 경제주체들의 소득재분배, 노후빈곤 및 후생에 미치는 영향을 분석한 국내연구는 없다는 점에서 선행연구 대비 기여가 있다. 이영재 외(2019) 등 공적연금의 경제적 효과 및 소득재분배 효과를 분석한 연구가 존재하지만, 생계급여 제도를 중점적으로 다룬 국내 선행연구는 없다. 본 연구는 국민연금, 기초연금 등 공적연금 제도와 더불어 생계급여를 명시적으로 모형에 반영한다. 그리고 장래인구추계, 경제활동인구조사, 조세 및 국민연금 관련 자료 등을 이용하여 모형의 파라미터를 캘리브레이션(모수화)한다. 캘리브레이션된 모형을 사용하여 개별 노후소득보장제도(국민연금, 기초연금, 생계급여) 도입이 균제상태에서의 노후 소득재분배 및 노후빈곤에 미치는 영향을 분석·비교한다. 그리고 국민연금의 사각지대 해소가 균제상태에서의 소득재분배 및 노후빈곤에 미치는 영향도 분석할 것이다.

또한 모형의 구성 요소 측면에서 내생적 노동공급을 모형에 반영하고 모형 균형에서의 연령대별 국민연금 가입기간을 현실의 자료와 비교적 유사하게 구현하려고 노력했다는 점에서 선행연구 대비 기여가 있다고 판단된다. 이영재 외(2019)에서는 외생적인 확률적 노동공급을 가정하여 국민연금, 기초연금 등의 제도 변화는 노동공급 및 국민연금 가입기간 분포에 영향을 미치지 못하는 한계가 있다. 반면 본 연구는 노동공급을 내생적으로 모형에 반영하여 국민연금, 기초연금, 생계급여와 관련된 정책 변화에 따라 경제주체의 노동공급이 내생적으로 반영되고, 이에 따라 국민연금의 가입기간, 기초연금 및 생계급여의 수급 여부도 내생적으로 변하도록 모형화한다.

이질적 경제주체 중첩세대 모형은 수많은 반복 계산을 요구하므로 계산 속도가 빠른 Fortran으로 모형을 계산하는 것이 일반적이지만, 향후 모형의 원내 운용이 용이하도록 MATLAB으로 계산하는 방안도 검토하려고 한다. 다만, 노동공급 결정을 내생화하고 국민연금 가입기간 변화를 모형에 명시적으로 반영하였기 때문에 MATLAB으로 모형을 계산할 때에는 계산 시간이 과도하게 오래 걸릴 수 있어 계산 능력이 뛰어난 고성능 컴퓨터를 사용하지 않는 한 MATLAB 프로그램화는 시간 측면에서는 비효율적일 것임을 미리 밝혀둔다.

제3절 선행연구 분석

본 절에서는 이질적 경제주체 중첩세대 모형을 활용하여 공적연금, 이전지출 등 정부 정책이 거시경제 변수, 소득불평등, 빈곤 등에 미치는 영향을 분석한 국내외 선행연구를 간략히 소개한다.

1. 해외 선행연구

Kitao(2014)는 미국의 공적연금(OASI)을 정교하게 반영한 이질적 경제주체 중첩세대 모형을 구축하여, 2100년까지의 인구구조 변화가 거시경제 변수 및 정부 재정에 미치는 영향을 분석하였다. 사회보장제도들 중에서도 공적연금 제도를 현실에 가깝게 반영한 점이 주요한 특징이다. 동 연구는 인구구조 변화로 인한 재정적자 문제를 해결하기 위한 네 가지 대안을 검토하고, 그 효과를 비교·분석하였다. 이들이 검토한 대안들은 ① 사회보장세율 인상, ② 공적연금의 소득대체율 인하, ③ 정년 연장, ④ 소득조사(means test) 기반의 공적연금 제도 도입이다.

각 대안의 주요 결과를 살펴보면, 첫째, 인구구조 변화로 인해 발생하는 재정적자를 충당하기 위해 사회보장세율을 5.7%p(10.6% → 16.4%) 인상해야 하는 것으로 나타났다. 둘째, 소득대체율은 12.6%p(38.8% → 26.2%)로 인하해야 하는 것으로, 셋째, 정년은 7년(66세 → 73세) 연장해야 하는 것으로 나타났다.

Nishiyama(2015)는 이질적 경제주체 중첩세대 모형을 구축하여, 인구구조 변화가 거시경제 변수 및 정부 재정에 미치는 영향을 분석하였다. 특히, 이 연구는 공적연금과 사회보험을 함께 반영하였다는 점에서 특징적이며, 인구구조 변화로 인해 발생하는 재정적자를 해소하기 위한 방안으로 소득세율 인상과 사회보장제도의 급여 수준 축소를 검토하였다. 주요 분석 결과는 다음과 같다.

첫째, 미국 사회보장청의 중위 인구추계를 적용하여 분석한 결과, 생산가능인구의 감소로 인해 1인당 실질 GDP는 기준년도인 2014년과 비교하여 2039년에는 5.4%, 2200년에는 7.0% 감소하는 것으로 나타났다. 또한, 재정적자는 2014년 대비 2039년에는 3.6%, 2200년에는 5.4% 감소하는 것으로 분석되었으며, 재정갭(fiscal gap)은 실질 GDP의 2.92%로 나타났다. 이는 현행 사회보장제도가 유지될 경우, 매년 실질 GDP의 2.92%에 해당하는 재정적자가 발생함을 의미한다. 둘째, 소득세율 인상을 통해 재정적자를 완화하는 경우, 노동 및 저축 행위에 왜곡이 발생하여 노동공급과 자본량이 감소하고, 1인당 실질 GDP는 2014년 대비 2039년에는 10.0%, 2200년에는 24.7% 감소하는 것으로 나타났다. 셋째, 재정적자를 충당하기 위해 사회보장 제도의 수급액을 줄이는 경우 1인당 실질 GDP가 2014년 대비 2039년에는 2.3%, 2200년에는 3.3% 증가하는 것으로 분석되었다. 이러한 분석 결과는 재정적자 해소 방안에 따라 1인당 실질 GDP와 사회후생이 달라질 수 있음을 의미한다. 1인당 실질 GDP 측면에서는 사회보장 제도의 수급액을 축소하는 것이 유리하지만, 현재 세대의 후생을 고려할 때에는 소득세율 인상이 보다 선호되는 정책으로 분석된다.

2. 국내 선행연구

이영재 외(2019)에서는 이질적 경제주체 중첩세대 모형을 이용하여 인구고령화에 따른 국민연금 소득대체율 인상 및 보험료율 인상이 소득재분배에 미치는 영향을 분석하였다. 현재 인구구조와 국민연금 및 기초연금 제도를 바탕으로 기준경제를 캘리브레이션하고 인구고령화에 따라 발생하는 국민연금 재정의 적자는 소득세율 인상으로 충당되는 것을 가정하였다. 인구고령화에 따라 국민연금 제도가 개편될 때의 소득재분배 효과를 분석한 결과, 특정 시점에서는 경제 전체의 소득재분배 수준이 다소 개선되지만, 개인의 평생소득 기준으로는 소득재분배 정도가 오히려 악화되는 것으로 나타났다. 동 연구는 첫 번째 결과를 연금제도 개편으로 인해 은퇴 전 가구에서 노령가구로의 소득 이전이 적극적으로 이루어지면서 연령별 소득 평탄화가 나타난 것으로, 두 번째 결과는 국민연금과 기초연금이 노령가구의 소득 지원 측면에서 경합적인 관계를 가지기 때문에 발생한 것으로 설명하였다.

이영재 외(2019)는 국민연금과 기초연금을 반영한 이질적 경제주체 중첩세대 모형으로 소득재분배 효과를 분석했다는 점에서 본 연구의 주제와 분석 방식에 가장 가까운 선행연구로 볼 수 있다. 그리고 65세 이상 경제주체에 대한 소득재분배 효과도 분석 내용에 포함되어 있다는 점에서 노후빈곤에 대한 논의도 일부 다루고 있다. 그러나 이영재 외(2019)에서는 노후소득보장제도 중 취약계층에 대한 소득재분배 기능이 상당할 것으로 기대되는 국민기초생활보장제도(생계급여)를 반영하고 있지 않기 때문에 노후빈곤에 초점을 맞춰 분석하는 데에는 한계가 있다고 판단된다. 본 연구에서는 노후 소득재분배 및 노후빈곤 분석을 주요 목표로 하므로, 국민연금, 기초연금과 더불어 노후빈곤에 중대한 영향을 미칠 것으로 예상되는 국민기초생활보장제도를 명시적으로 반영하여 분석을 수행한다는 점에서 이영재 외(2019)를 보완하고 있다. 또한 모형의 구성요소 측면에서 내생적 노동공급을 모형에 반영하고 모형의 균형에서 국민연금 가입기간을 현실의 자료와 유사하게 구현하려고 노력했다는 점에서 선행연구 대비 기여가 있다고 판단된다. 이영재 외(2019)에서는 외생적인 확률적 노동공급을 가정하여 국민연금, 기초연금 등의 제도 변화가 노동공급에 영향을 미치지 못하는 한계가 있었으나, 본 연구에서는 노동공급을 내생적으로 모형에 반영하여 정부 정책 변화에 따라 경제주체의 노동공급이 내생적으로 반영되도록 모형을 개선하였다.

한종석 외(2021)에서는 이질적 경제주체 중첩세대 모형을 구축하여 25세 이상 성인에게 월 30만 원(총액 기준GDP 대비 7.35%)을 지급하는 기본소득 제도의 도입이 거시경제 변수, 소득재분배 및 사회후생에 미치는 효과를 분석하였다. 기본소득 제도 도입에 필요한 재원을 근로소득세로 충당할 경우 근로소득세율은 기준경제보다 17.6%p 높아진 24.4%를 기록하는 것으로 분석되었다. 근로소득세율 인상에 따른 노동공급 감소와 더불어 예비적 동기에 의한 저축 저하로 인해 장기적으로 생산, 자본, 노동은 큰 폭으로(기준경제 대비 22%, 16%, 19%) 감소하는 것으로 나타났다. 소득재분배 측면에서는, 세전소득 불평등이 크게 증가해 기본소득 지급에도 불구하고 세후소득 불평등도 기준경제보다 다소 악화되는 것으로 나타났다. 후생수준도 경제주체들의 세부담이 크게 증가해 기준경제보다 악화되는 것으로 나타났다.

한종석 외(2021)의 모형에는 국민연금, 기초연금, 생계급여가 반영되어 있으나, 연구의 주목적은 기본소득 제도에 대한 내용으로 생계급여의 노후소득보장 기능에 대한 분석이 명시적으로 고려되지는 않았다. 반면, 본 연구는 생계급여의 노후소득보장 기능 및 노인의 소득재분배 효과를 보다 자세히 분석한다는 점에서 차별점이 있다.

제4절 모형 경제의 설정

본 절에서는 이영재 외(2019) 및 한종석 외(2021)의 모형을 바탕으로 한국의 국민연금, 기초연금, 국민기초생활보장제도(생계급여)가 반영된 이질적 경제주체 중첩세대 모형(Heterogeneous Agent Overlapping Generation Model)을 구축한다.

모형경제는 가계, 기업, 정부 부문으로 구성되며, 가계의 경우 무수히 많은 개인들이 연령별로 존재한다. 연령 j인 개인은 연령별 조건부 사망확률(γ_j)로 인해 생애기간이 불확실하며 최대 J기 동안 생존할 수 있는 것으로 가정한다. 개별 경제주체들은 $J_R - 1$세까지 노동시장에 참여하고 J_R세에 노동시장에서 은퇴하며 은퇴 이후에는 국민연금과 기초연금을 수령하게 된다.18)

1. 가계

개별 경제주체들은 다음과 같은 가치함수를 극대화하도록 소비, 저축, 노동공급을 매기 최적으로 선택하는 의사결정을 한다. 이에 따라 개인의 가치함수를 은퇴 이후와 은퇴 이전으로 구분하여 살펴본다. 먼저, 노동시장에서 은퇴한 개인의 가치함수는 다음과 같다.

$$V_j^R(a;B,n) = \max_{c,a'} u(c) + \beta(1-\gamma_j) V_{j+1}^R(a';B,n)$$

subject to

---

18) 현실에서는 국민연금과 기초연금을 동시에 수급받는 경우에는 기초연금이 일정 부분 감액되어 지급되지만, 본 연구에서는 기초연금 감액을 명시적으로 반영하지 않았다. 국민연금과 기초연금을 동시에 수급받는 수급자가 많지 않으며 감액 규모도 크지 않으므로 이와 관련된 문제는 크지 않을 것으로 판단된다.

$$(1+\tau_c)c + a' = a + (1-\tau_k)ra + \Psi^P(B,n;A,\alpha)$$
$$+ \max(\Psi^L(ra+\Psi^P(B,n;A,\alpha)), \Psi^O(ra+\Psi^P(B,n;A,\alpha))),$$
$$a' \geq 0, c \geq 0, n < j_R$$

은퇴한 개인은 가치함수를 극대화하도록 매기 소비(c)와 저축(a')을 결정한다. 은퇴한 뒤에는 노동공급을 하지 않기 때문에 개인의 소득은 자산소득(ra)으로만 이루어지며, 소비세와 자본소득세를 지불하고 다양한 형태의 이전지출을 제공받는다. τ_c와 τ_k는 소비세율과 자본소득세율을 나타낸다. 먼저 $\Psi^P(B,n;A,\alpha)$은 연 기준 국민연금 수급액으로 가입년수(n), 생애 월평균소득(B), 국민연금 가입자들의 월평균소득의 평균(A), 소득대체율 비례상수(α)에 의해 결정된다. $\Psi^O(ra,\Psi^P(B,n;A,\alpha))$은 연 기준 기초연금 수급액으로 65세 이상 소득하위 70%까지 지급된다.

$\Psi^L(ra+\Psi^P(B,n;A,\alpha))$은 국민기초생활보장급여(생계급여)로 연령과 무관하게 경제 전체 소득하위 10%에게만 제공된다. 국민연금과 기초연금, 생계급여의 구체적인 지급방식은 정부 부문에서 설명한다. 현실을 반영하여 기초연금을 받는 경우에는 그만큼 생계급여가 삭감되는 것으로 가정하였다. 은퇴 이전 개인은 근로소득과 자본소득을 바탕으로 소비세와 소득세, 국민연금 보험료를 납부하며 가치함수를 극대화하도록 소비와 저축, 노동공급 시간을 매기 결정한다. τ_l과 τ_p는 근로소득세율과 국민연금 보험료율을 나타낸다.

은퇴 이전 개인의 가치함수는 다음과 같이 표현된다.

$$V_j(a,x,B,n) = \max_{c,a',l} u(c,l) + \beta(1-\gamma_i)E[V_{j+1}(a',x',B',n') \mid x]$$
subject to

$$(1+\tau_c)c + a' = a + (1-\tau_k)ra + (1-\tau_p 1_{[l>\underline{l}]} - \tau_l)y_j^l + \Psi^L(y_j)$$

$$y_j^l = w\epsilon_j xl, \quad y_j = ra + y_j^l$$

$$n' = \begin{cases} n+1 & \text{if } l \geq \bar{l} \\ n + l/(\bar{l}-\underline{l}) - \underline{l}/(\bar{l}-\underline{l}) & \text{if } \underline{l} \leq l < \bar{l} \\ n & \text{if } l < \underline{l} \end{cases}$$

$$B' = \begin{cases} \dfrac{B \times 12n + y_j^l}{12n'} & \text{if } l > \underline{l} \\ B & \text{if } l \leq \underline{l} \end{cases}$$

$$x' = \rho_x x + \epsilon_x, \epsilon_x \sim N(0, \sigma_x^2)$$

$$a' \geq 0, c \geq 0, n \leq j$$

근로소득(y^l)은 유효노동력당 임금(w), 연령별 확정적 노동생산성(ϵ_j), 연령과 무관하게 시간에 따라 변하는 노동생산성(x), 근로시간(l)으로 이루어진다. 경제주체들은 이질적인 노동생산성을 가지고 노동시장에 진입하며 그 이후에 노동생산성은 매기 AR(1) 과정에 따라 확률적으로 변화한다. 근로자의 연령별 평균 노동생산성(ϵ_j)은 연령에 따른 숙련도와 인적자본 축적 등으로 인한 노동생산성의 변화를 고려하기 위한 것으로 연령에 따라 주어지는 것으로 가정한다. 근로시간은 연간 근로시간으로 국민연금 가입년수(n)과 생애 월평균소득(B)에 영향을 준다. 연간 근로시간이 상당히 짧은 경우에는 국민연금에 가입하고 지속적으로 유지하는 것이 일반적으로 어렵다. 따라서 이러한 현실을 모형 내에 반영하기 위해 연간 근로시간이 최소 수준($\underline{l}$)을 초과하는 경우에만 국민연금 가입이 가능하도록 모형을 구성하고, 다음 기 국민연금 가입기간(n')과 생애 월평균소득(B')은 연간 근로시간이 최소수준을 초과한 경우에만 증가하도록 가정한다. 근로시간이 전일제 수준($\bar{l}$) 이상일 경우 연금가입 년수가 최대 1년이 되도록 하고, 근로시간이 최소 수준($\underline{l}$)과 전일제 수준 사이($\bar{l}$)인 경우에는 근로시간에 비례해서 연금가입 년수가 증가하는 것으로 가정하였다. 한편 1세에 주어진 자산의 양(a_0)은 0으로 가정한다.19)

2. 기업

모형경제에서 기업은 완전경쟁시장의 대표기업으로 설정하고, 경제 내의 노동과 자본을 다음과 같은 규모수익불변(constant returns to scale) 생산함수에 따라 결합하여 최종재를 생산한다.

$$Y = zF(K, L)$$

여기서 Y는 총생산, K와 L은 총자본과 총유효노동력, z는 총요소생산성을 의미한다. 대표기업이 생산요소로 활용하는 총유효노동력은 연령별 노동생산성, 개별 노동생산성 충격과 근로시간을 집계한 것으로 다음과 같이 측정된다.

$$L = \int \epsilon_j x_j l_j d\mu(a, x, B, n, j)$$

대표기업은 주어진 실질이자율과 실질임금 수준 하에서 이윤을 극대화하는 최적 자본수요와 노동수요를 결정한다.

---

19) 2023년 통계청의 가계금융복지조사에서 20세 가구주 표본은 3개 밖에 없으며, 상속을 고려하지 않는 경우 현실적으로 20세의 자산 수준은 매우 낮을 것으로 기대되므로 모형에서 1세대(20세) 자산의 양을 0으로 가정하는 것은 무리한 가정은 아니라고 판단된다.

3. 정부

정부 부문의 국민연금재정과 일반재정으로 구성된다. 먼저 국민연금재정은 은퇴 이전 개인들이 지급한 보험료의 총액인 보험료수입(T_p)에서 은퇴 이후 개인들에게 지급되는 연금총지급액(Θ)을 지불하는 구조로 구성되는데, T_p와 Θ은 각각 다음과 같이 측정된다.

$$T_p = \int (\tau_p \cdot 1_{[l > \underline{l}]}) y_j^l d\mu(a,x,B,n,j)$$

$$\Theta = \int \Psi^p(B,n;A,\alpha) d\mu(a,B,n,j)$$

연 기준 국민연금 수령액은 가입년수(n)와 가입기간 중 가입자의 생애 월평균소득(B)를 바탕으로 다음과 같이 결정된다.

$$\Psi^p(B,n;A,\alpha) = \alpha(A+B) \cdot (1 + 0.05 \cdot 1_{[n \geq 20]}(n-20))$$

국민연금 수령액은 가입자 개인의 월평균소득을 고려하고 있어 개인이 납부한 기여금에 연동되며, 여기에 전체 가입자의 월평균소득(A)을 추가로 고려하는 방식으로 소득재분배 기능을 포함하고 있다. 여기서 α는 소득 대체율을 결정하는 비례상수다. 또한, 국민연금은 가입기간이 20년을 초과하는 경우 초과 가입연수 1년당 급여액 가산율을 5%씩 적용하고 있으며 급여액 산식 마지막 부분의 지표함수는 이와 같은 내용을 반영하고 있다.

이영재 외(2019)와 동일하게 국민연금 적자가 발생하는 경우 정부는 일반재정에서 정부지원금(G_p)을 통해서 부족한 총보험료수입을 보존하고, 흑자가 발생하는 경우 연금운용비(χ_p)로 활용한다고 가정한다[20]. 이상의 내용을 반영한 국민연금재정 예산제약식은 아래와 같이 나타난다.

$$T_p + G_p = \Theta \text{ if } T_p < \Theta$$
$$T_p = \Theta + \chi_p \text{ if } T_p \geq \Theta$$

일반재정은 가계로부터 각종 조세를 거둬 기초연금과 생계급여, 국민연금 적자 발생 시 지출되는 정부지원금을 지급하고 남는 부분을 정부소비(G)에 사용한다. 정부가 개인에게 부과하는 조세는 근로소득세(T_L), 자산소득세(T_K), 소비세(T_C), 상속세(T_B)를 합한 것으로 구성된다. 여기서 상속세는 예상치 못하게 지난 기에 사망한 경제주체로부터 발생하는 우발적 유산(accidental bequest)이 모두 정부에게 귀속된다는 것을 의미한다.

$$T_L = \tau_l \int w\epsilon_j x_j h_j d\mu(a,x,B,n,j)$$
$$T_K = \tau_k \int ra_j d\mu(a,x,B,n,j)$$
$$T_C = \tau_c \int c_j d\mu(a,x,B,n,j)$$
$$T_B = \int \gamma_{j-1}(1+(1-\tau_k)r)a_{j-1} d\mu(a,x,B,n,j)$$

재정지출에서 저소득층에게 지급되는 생계급여(Ψ^L)와 기초연금(Ψ^O)은 다음과 같이 정의한다.

---

20) 연금운용비는 국민연금 적립기금으로 해석할 수 있으나 기금 운용이 모형에 명시적으로 반영하지 않아 국민연금 적립기금은 모형 경제에서 특별한 역할을 하지는 않는다.

$$\Psi^L = \begin{cases} \psi^L \cdot 1_{[y_j^l + ra \leq \bar{y}^L]} & \text{if } j < J_R \\ \max(\psi^L \cdot 1_{[ra + \Psi^P(B,n;A,\alpha) \leq \bar{y}^L]}, \psi^O) & \text{if } j \geq J_R \end{cases}$$

$$\Psi^O = \psi^O \cdot 1_{[ra + \Psi^P(B,n;A,\alpha) \leq \bar{y}^O]}$$

ψ^L은 생계급여의 1인당 지급액으로 은퇴 이전 개인(근로자)의 경우 노동소득과 자산소득의 합이, 은퇴 이후 개인(은퇴자)의 경우 자산소득과 국민연금 수급액의 합이 $\bar{y}^L$보다 낮은 개인에게 지급된다. 여기서 $\bar{y}^L$은 경제 전체 소득분포에서 하위 10%에 해당하는 소득수준을 의미한다. ψ^O는 1인당 기초연금 지급액으로 65세(J_R) 이상 인구 중 소득 하위 70%를 대상으로 모든 수급대상자에게 동일하게 지급하는 것으로 가정한다.[21] 여기서 $\bar{y}^O$은 65세 이상 인구(은퇴자)의 소득분포에서 하위 70%에 해당하는 소득수준을 의미한다. 현실을 반영하여 기초연금을 받는 경우에는 그만큼 생계급여가 삭감되는 것으로 가정하였다. 이상의 내용을 반영한 일반재정 예산제약식은 아래와 같이 나타난다.

$$G + \Psi^L + \Psi^O + G_p \cdot 1_{[T_p < \Theta]} = T_L + T_K + T_C + T_B$$

---

[21] 현실에서는 소득평가액과 재산의 소득환산액을 더한 소득인정액 기준으로 생계급여와 기초연금 수급 여부를 결정하지만, 본 연구에서는 현실에서의 자세한 소득인정액을 모형에 그대로 반영하기는 어렵다. 먼저, 소득평가액에 포함되는 기타소득 중 사업소득, 재산소득, 공적이전소득, 무료임차소득을 모두 현실과 가깝게 모형에 반영하기 어려운 부분이 있다. 이에 더하여 모형에서는 재산의 유형(일반재산, 금융재산, 고급자동차, 회원권 등)을 구분할 수 없기 때문에 재산의 소득환산액도 모형에 정확하게 반영하기는 쉽지 않다. 또한 현실에서 기초연금의 경우에는 지역별 재산공제액이 다르고, 생계급여의 경우에는 부양의무자 소득 및 재산 기준도 고려하고 있는데 이 부분도 모형에 반영하기 어렵다. 따라서 불가피하게 모형에서의 소득인정액과 현실의 소득인정액 사이에 차이가 발생하게 되어 이와 관련된 오차가 일부 발생할 수 있음을 미리 밝혀둔다.

제5절 모형의 캘리브레이션

모형의 파라미터는 크게 모형의 최적 조건 및 균형 값과 무관하게 모형의 외부에서 독립적으로 결정되는 파라미터와 모형 통계와 실제 통계가 일치되도록 모형 내에서 내생적으로 결정되는 파라미터로 구분된다. 모형의 한 기간은 1년으로 설정하였으며, 모형의 캘리브레이션은 기본적으로 2023년을 기준으로 수행하였다. 2023년 자료 활용이 불가능한 경우에는 최대한 2023년에 가까운 자료를 활용하였다.

1. 모형 외부에서 외생적으로 결정되는 파라미터

가. 효용함수

본 연구에서는 거시경제 문헌에서 많이 활용되는 아래와 같은 효용함수를 가정한다.

$$u(c,l) = \frac{c^{1-\sigma}}{1-\sigma} - \chi \frac{l^{1+1/\eta}}{1+1/\eta}$$

σ는 상대적 위험기피도를 나타내는 파라미터로 홍재화 외(2016)과 이영재 외(2019)를 참고하여 1.5로 설정하였다. η는 Frisch 노동공급 탄력성을 나타내는 파라미터로, 권규호(2016)를 따라 Frisch 노동공급 탄력성을 사용한 주요 문헌에서의 평균값인 0.4로 설정하였다. χ는 노동공급의 비효용을 나타내는 파라미터로 목표 통계를 맞추도록 모형 내에서 내생적으로 결정된다.

나. 생산함수

생산함수는 아래와 같은 Cobb-Douglas 생산함수를 가정한다.

$$Y = zF(K, L) = zK^\theta L^{1-\theta}$$

z는 생산에 대한 자본 탄력성에 해당하는 파라미터로 자본소득분배율에 해당한다. 코로나19 이전인 2015~2019년 기간의 한국은행의 피용자보수비율(노동소득분배율) 평균이 63.4%이므로 자본소득분배율(θ)은 0.366으로 설정하였다.

다. 인구구조

본 모형의 기간은 총 80기간($J = 80$)이며, 모형의 1세($j = 1$)는 현실의 20세, 모형의 80세($J = 80$)는 현실의 99세에 해당한다. 모형에서 은퇴시기는 46세($J_R = 46$, 현실의 65세)로 설정하였다. 따라서 1~45세(현실의 20~64세) 기간에는 노동시장에서 근로자로 일하며, 46~80세(현실의 65세) 이상에서는 은퇴자가 되며 81세(현실의 100세)에는 모두 사망하는 것으로 가정한다.

본 모형에서 인구구조와 관련된 파라미터는 순 인구증가율(n)과 연령별 조건부 사망확률(γ_j)이 있다. 모형에서 1~80세에 해당하는 연령별 조건부 사망확률은 통계청의 장래인구추계(2022~2072년)에서 2023년 기준 20~98세 남성과 여성의 연령별 조건부 사망확률의 평균을 사용하였다([그림 3-1] 참조). 모형에서 가계는 80세에 모두 사망하는 것으로 가정하였으므로, 80세의 조건부 사망확률(γ_{80})은 1로 설정하였다.

[그림 3-1] 연령별 조건부 사망확률: 20~98세(모형의 1~80세)

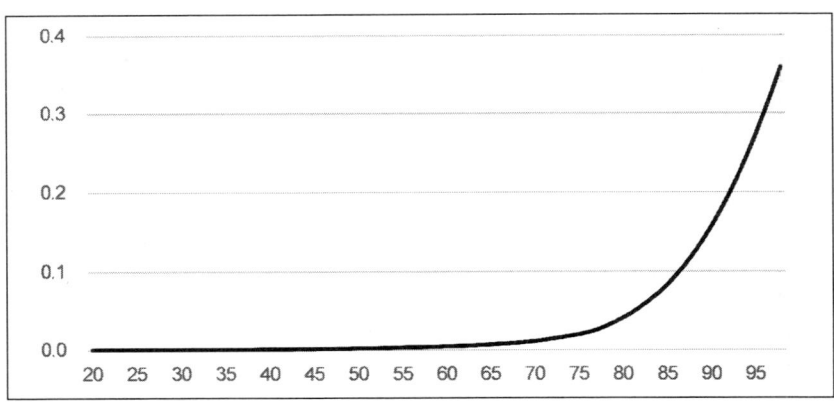

출처: "장래인구추계: 2022~2072년", 통계청, 2023a를 이용해 필자 작성

한편, 통계청의 장래인구추계에서의 2022~2023년 기간의 20~99세 인구증가율은 0.62%로 나타난다. t기에 j세 인구 수를 $N_{t,j}$로 정의하고 t기의 전체 인구 수를 N_t로 정의할 때, 주어진 인구증가율과 연령별 조건부 사망확률 하에서 t기에 전체 인구에서 j세가 차지하는 인구비중($\mu_{t,j}$)은 다음과 같이 변화하게 된다.

$$\mu_{t+1,j+1} \equiv \frac{N_{t+1,j+1}}{N_{t+1}}$$

$$= \frac{(1-\gamma_j)N_{t,j}}{N_{t+1}} = \frac{(1-\gamma_j)N_{t,j}}{N_t}\frac{N_t}{N_{t+1}}$$

$$= \frac{1-\gamma_j}{1+n}\mu_{t,j} \qquad \text{for } 1 \leq j \leq J-1$$

따라서 안정상태에서의 전체 인구 수가 1로 정규화된 인구비중(μ_j)은 다음과 같은 조건을 만족한다.

$$\mu_{j+1} = \frac{1-\gamma_j}{1+n}\mu_j, \text{ for } 1 \leq j \leq J-1$$

$$\sum_{j=1}^{J} \mu_j = 1$$

안정상태 인구비중은 인구증가율과 조건부 사망확률이 일정하게 유지될 때의 인구비중을 의미한다. 따라서 현실에서 인구증가율과 조건부 사망확률이 변화하는 경우에는 모형의 안정상태 인구비중은 실제 인구비중과 다르게 나타나게 된다. 〔그림 3-2〕는 2023년 기준 인구증가율과 조건부 사망확률을 사용하여 계산한 안정상태 인구비중(μ_j)과 실제 2023년의 인구비중을 비교하여 보여준다. 예상대로 안정상태 인구비중과 2023년의 인구비중이 다소 다르게 나타나고 있다. 실제 한국의 인구비중이 안정적으로 유지되지 않은 상황에서 어쩔 수 없이 발생하는 차이이다. 본 연구에서는 안정상태를 가정한 분석을 수행하기 때문에 안정상태 인구비중을 사용하여 개인 변수를 집계(aggregation)하는 과정에서 현실과 일부 오차가 발생할 가능성이 있는 한계를 미리 밝혀둔다.

대안적으로 2023년 실제 인구비중을 사용하는 방법도 고려할 수 있다. 이 경우 인구증가율과 조건부 사망확률은 기본 분석과 동일하게 유지하는 가운데 개인 변수들을 집계할 때 안정상태 인구비중 대신 실제 인구비중을 사용하게 된다. 이러한 방식을 사용하는 경우 집계 과정에서 발생하는 오차 문제는 완화될 수 있으나, 모형에 사용한 인구비중이 모형의 인구증가율 및 조건부 사망확률에 부합하지 않는다는 점에서 모형의 내적 정합성이 낮아지는 문제가 발생한다.

[그림 3-2] 인구비중: 모형 vs. 실제

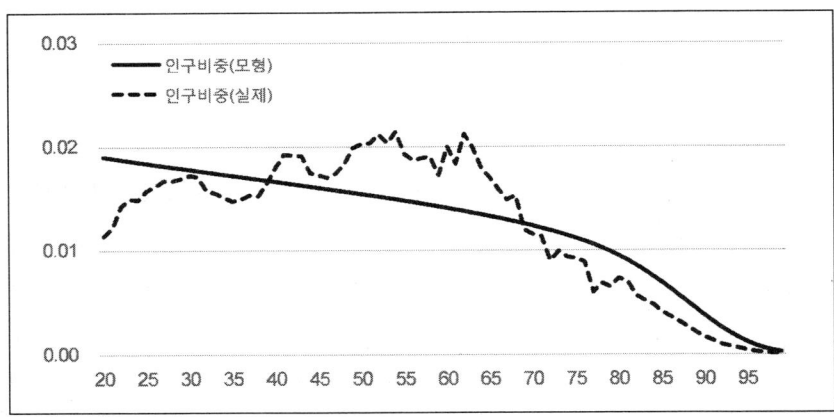

출처: "장래인구추계: 2022~2072년", 통계청, 2023a를 이용해 필자 작성

라. 노동생산성

본 모형에서 근로자의 노동생산성은 연령별 확정적 노동생산성(ϵ_j)과 연령과 무관하게 시간에 따라 변하는 노동생산성(x)으로 구성된다. 연령별 확정적 노동생산성은 2023년 기준으로 계산하였다. 구체적으로 통계청의 경제활동인구조사 근로형태별 부가조사의 명목 월평균임금을 통계청의 소비자물가지수로 실질화한 실질 월평균임금 자료를 사용하였다. 1세 단위로 실질임금을 계산하는 경우 표본이 많지 않은 고령층의 실질임금 계산에 오차가 발생할 수 있으므로 특정 연령 기준 9년 이동평균 값을 모형에 반영하였다. 마지막으로 연령별 실질임금의 평균이 1이 되도록 정규화하여 모형에 반영하였다. [그림 3-3]은 정규화된 연령별 확정적 노동생산성을 보여준다. 역U자 형태가 나타나고 있으며, 노동생산성은 48세에서 가장 높게 나타난다.

[그림 3-3] 연령별 확정적 노동생산성

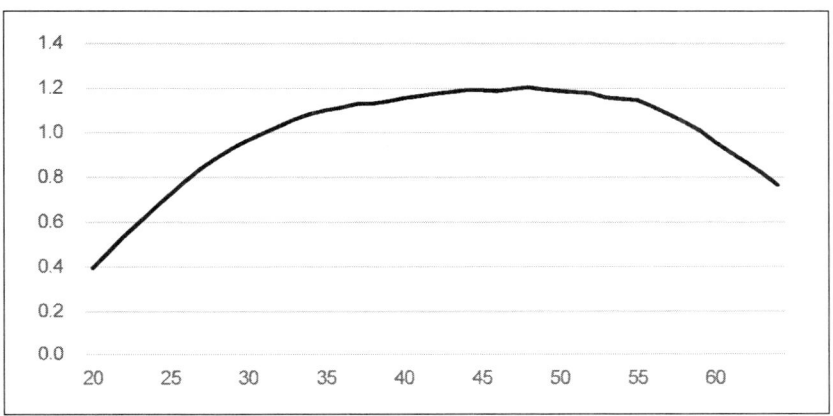

주: 특정 연령 기준 9년 이동평균 값을 사용함.
출처: "경제활동인구조사 근로형태별 부가조사", 통계청, 각년도; "소비자물가지수(2020=100)", 통계청, 2023b. 를 이용해 필자 작성

연령과 무관하게 시간에 따라 변하는 노동생산성은 아래의 AR(1) 확률과정을 따른다고 가정하였다.

$$x' = \rho_x x + \epsilon_x, \epsilon_x \sim N(0, \sigma_x^2)$$

ρ_x는 노동생산성의 지속성을 나타내는 파라미터이며 σ_x는 노동생산성 충격(ϵ_x)의 표준편차를 나타내는 파라미터이다. 이영재 외(2019)를 따라 ρ_x와 σ_x를 각각 0.92, 0.05로 설정하였다.

마. 정부 정책

정부 정책과 관련된 파라미터 중 모형과 무관하게 외생적으로 결정되는 파라미터는 소비세율(τ_c), 1인당 기초연금 수급액(ψ^O)와 1인당 생계급여

수급액(ψ^L), 국민연금 소득대체율 비례상수(α), 국민연금 보험료율(τ_p)이 있다.

모형의 소비세율은 현실의 부가가치세에 해당하므로 현실의 부가가치세율을 적용하여 0.1로 설정하였다. 1인당 기초연금 수급액(ψ^O)은 2023년 기준 월평균임금 대비 기초연금 최고액 비율을 계산하여 0.1075로 설정하였다. 구체적으로 2023년 기준 기초연금 최고액 323,180원을 경제활동인구조사 근로형태별 부가조사에서의 2023년 월평균임금인 3,006,580원으로 나누어 계산하였다. 1인당 생계급여 수급액(ψ^L)은 2023년 기준 월평균임금 대비 1인 가구 기준 생계급여 최저보장수준(623,368원) 비율인 0.2073으로 설정하였다.

소득대체율 비례상수(α)는 이영재 외(2019)를 따라 국민연금 가입기간이 40년인 평균소득자($A = B$)의 소득대체율이 40%가 되도록 1.2로 설정하였다.[22] 국민연금 보험료율(τ_p)은 현실의 보험료율(9%)을 반영하여 0.09로 설정하였다. 모형에서 전일제 근로의 기준으로 사용되는 근로시간($\bar{l}$)은 하루 기준 8시간을 적용하여 0.3333으로 설정하였다. 이에 따라 모형에서 근로시간이 전일제 수준($\bar{l}$) 이상일 경우 연금가입 년수가 최대 1년이 되도록 하고, 근로시간이 최소 수준($\underline{l}$)과 전일제 수준 사이($\bar{l}$)인 경우에는 근로시간에 비례해서 연금가입 년수가 증가하는 것으로 가정하였다.

---

[22] 국민연금 가입기간이 40년인 평균소득자($A = B$)에 국민연금 산식을 적용하여 임금대체율을 계산하면 아래와 같다.

$$임금대체율 = \frac{\alpha(2A) \cdot 2}{12A} \times 100 = \frac{1}{3}\alpha \times 100$$

따라서 임금대체율이 40%가 되는 소득대체율의 비례상수는 1.2가 된다.

〈표 3-1〉 모형과 무관하게 외생적으로 결정되는 파라미터

파라미터	설명	수치	비고
효용함수			
σ	상대적 위험 기피도	1.5000	홍재화 외(2016), 이영재 외(2019)
η	Frisch 노동공급 탄력성	0.4000	권규호(2016)
생산함수			
θ	생산의 자본 탄력성	0.3660	한국은행, 피용자보수비율 : 63.4%, 2015~2019년 기간 평균
인구구조			
n	순 인구증가율	0.0062	통계청, 장래인구추계(2022~2072년) : 20~99세 인구증가율, 2023년
γ_j	연령별 조건부 사망확률	본문 참조	통계청, 장래인구추계(2022~2072년) : 20~98세, 2023년
μ_j	연령별 인구비중	본문 참조	1) 인구증가율, 연령별 조건부 사망확률 2) 통계청, 장래인구추계(2022~2072년) : 20~99세, 2023년
노동생산성			
ϵ_j	연령별 확정적 노동생산성	본문 참조	통계청, 경제활동인구조사 근로형태별 부가조사, 2023년 통계청, 소비자물가지수, 2023년
ρ_x	노동생산성 지속성	0.9200	이영재 외(2019)
σ_x	노동생산성 충격 표준편차	0.0500	이영재 외(2019)
정부 정책			
τ_c	소비세율	0.1000	현실의 부가가치세: 10%
ψ^O	1인당 월평균임금 대비 기초연금 수급액	0.1075	통계청, 경제활동인구조사 근로형태별 부가조사, 월평균임금(2023년): 3,006,580원 기초연금 최고액(2023년): 323,180원
ψ^L	1인당 월평균임금 대비 기초생보 수급액	0.2073	통계청, 경제활동인구조사 근로형태별 부가조사, 월평균임금(2023년): 3,006,580원 1인 생계급여 최고액(2023년): 623,368원
α	국민연금 소득대체율 상수	1.2000	가입기간 40년 평균소득자의 소득대체율 : 40%
τ_p	국민연금 보험료율	0.0900	현실의 국민연금 보험료율: 9%
$\bar{l}$	전일제 수준 노동공급	0.3333	일 기준 8시간 기준으로 설정
기타			
δ	자본의 감가상각률	0.0800	이영재 외(2019)

출처: 표의 비고 항목 참조

바. 기타

자본의 감가상각률(δ)는 이영재 외(2019)을 따라 0.08로 설정하였다. 이상의 내용을 반영하여, 〈표 3-1〉은 모형과 무관하게 외생적으로 결정되는 파라미터 값들을 종합적으로 보여준다. 〈표 3-1〉에는 명시적으로 나타나 있지 않지만, 2023년 기준 65세 이상 인구 중 국민연금 수급자 비중은 47.31%[23])에 지나지 않는 점을 반영하여 모형을 시뮬레이션할 때 전체 시뮬레이션 대상 경제주체 10,000명 중 4,731만 명만이 국민연금 가입 대상을 가정하고 시뮬레이션을 실시하였다. 즉, 모형에서도 현실과 유사하게 65세 인구 중 52.69%는 국민연금 사각지대에 놓여 있게 된다.

2. 목표 통계를 맞추도록 내생적으로 결정되는 파라미터

목표 통계를 맞추도록 모형 내에서 내생적으로 결정되는 파라미터는 노동의 비효용 정도(χ), 노동소득세율(τ_l), 자본소득세율(τ_k), 국민연금 가입 인정 근로시간 하한($\underline{l}$), 기초연금 지급대상 소득 상한($\overline{y}^O$), 생계급여 지급대상 소득 상한($\overline{y}^L$), 시간할인요소(β), 총요소생산성(z)으로 총 8개가 있다.

노동의 비효용 정도에 대한 목표 통계는 가용시간 대비 근로시간 비중을 사용하였다. 구체적으로 2023년 기준 경제활동인구조사 근로형태별 부가조사의 주당 평균 근로시간(35.57시간)을 주 가용시간(24시간×5일=120시간)을 나눈 값인 0.2964를 사용하였다. 노동소득세율과 자본소득세율에 대한 목표 통계로는 명목GDP 대비 근로소득세 수입 비율, 명목

---

23) 국민연금공단 통계에 따르면 2023년 기준 국민연금(노령연금) 수급자 수는 5,543,769명이며, 통계청의 장래인구추계에 따르면 65~99세 인구는 11,717,923명이다.

GDP 대비 자본소득세(법인세) 수입 비율을 사용하였다. 2023년 기준으로 국세통계의 근로소득세 수입과 자본소득세 수입을 국민계정의 명목GDP로 나눈 값인 0.026과 0.0343을 사용하였다. 국민연금 가입 인정 근로시간 하한에 대한 목표 통계로는 2023년 기준 국민연금 가입자 중 59세 가입년수 평균인 13.8705를 사용하였다. 시간할인요소에 대한 목표 통계로는 한종석 외(2021)과 동일하게 연간 실질이자율 4%를 사용하였다.

〈표 3-2〉 목표 통계를 맞추도록 내생적으로 결정되는 파라미터

파라미터	설명	수치	목표 통계
효용함수			
χ	노동의 비효용 정도	140.0000	경제활동인구조사 근로형태별 부가조사, 근로시간/가용시간(2023): 0.2964
정부 정책			
τ_l	노동소득세율	0.0410	한국은행 국민계정, 국세청 국세통계, 소득세/GDP(2023년): 0.0260
τ_k	자본소득세율	0.2811	한국은행 국민계정, 국세청 국세통계, 자본소득세(법인세)/GDP(2023년): 0.0343
$\underline{l}$	국민연금 가입 인정 근로시간 하한	0.2653	59세 국민연금 가입자의 가입년수 평균 (2023): 13.8705
$\bar{y}^O$	기초연금 지급대상 소득 상한	0.1229	모형 내 65세 이상 인구 소득 하한 70%
$\bar{y}^L$	생계급여 지급대상 소득 상한	0.0792	모형 내 전체 인구 소득 하한 10%
기타			
β	시간할인요소	0.9832	연 이자율 4%, 한종석 외(2021)
z	총요소생산성	0.8879	안정상태에서 실질임금: 1(정규화)

출처: 저자가 모형 계산을 통해 구한 값임.

〈표 3-3〉 모형 통계 vs. 목표 통계

통계명	목표 통계	모형 통계
근로시간/가용시간	0.2964	0.2962
근로소득세/GDP	0.0260	0.0260
자본소득세/GDP	0.0343	0.0343
국민연금 평균 가입년수	13.8705	14.5813
연 이자율 4%	0.0400	0.0403

출처: 저자가 모형 계산을 통해 직접 작성

총요소생산성은 안정상태에서의 실질임금 수준이 1이 되도록 설정하였다. 기초연금 소득 상한과 생계급여 소득 상한은 각각 모형 내 65세 이상 인구 중 소득 하한 70%와 전체 인구 중 소득 하한 10%가 되는 값으로 설정하였다.

이상의 내용을 반영하여 모형 내에서 결정된 파라미터 수치는 〈표 3-2〉에 제시되어 있다. 노동의 비효용 정도는 140으로 설정되었다. 노동소득세율과 자본소득세율은 각각 4.10%, 28.11%로 설정하였으며 국민연금 가입 인정 근로시간의 하한은 0.2653으로 설정하였다. 기초연금 소득 상한과 기초생보 소득 상한은 각각 0.1229, 0.0792로 설정하였다. 마지막으로 시간할인요소는 0.9832, 총요소생산성은 0.8879로 설정하였다. 〈표 3-3〉은 모형 통계와 목표 통계를 비교하고 있다. 기초연금 소득 상한, 기초생보 소득 상한, 총요소생산성은 자료에서의 목표통계를 사용하지 않고 모형 내 특정 값이 되도록 결정하였으므로 〈표 3-3〉에는 제시하지 않았다. 〈표 3-3〉을 바탕으로 판단할 때, 모형 통계가 목표 통계와 대체로 유사하게 나타나 모형의 캘리브레이션이 비교적 적절하게 이루어진 것으로 판단된다.

제6절 수량 분석 결과

본 절에서는 제5절에서 캘리브레이션된 모형을 사용하여 개별 노후 소득보장제도(생계급여, 국민연금, 기초연금) 도입 또는 폐지가 균제상태에서의 노후빈곤, 소득재분배 및 후생 등에 미치는 영향을 분석한다. 또한 국민연금 사각지대 해소가 균제상태에서의 노후 소득재분배 및 노후빈곤에 미치는 영향도 분석할 것이다.

1. 기준경제의 특징

캘리브레이션된 모형을 사용하여 정책실험을 실시하기 이전에 기준경제의 특징을 먼저 살펴보자. 〈표 3-4〉는 기준경제의 주요 통계를 보여 준다. 총생산, 총소비, 총자본, 총(유효)노동은 각각 0.3492, 0.2212, 1.0625, 0.2210으로 계산되었다. 모형의 내생적인 주요 가격변수인 실질이자율과 실질임금은 각각 4%와 1로 계산되었으며, 이는 모형의 캘리브레이션에서 해당 수치를 목표로 사용한 결과이다.

정부정책과 관련된 통계 중 조세수입과 관련된 통계로는 GDP 대비 자본소득세, 노동소득세, 소비세 비중이 있다. GDP 대비 자본소득세, 노동소득세, 소비세 비중은 각각 3.43%, 2.60%, 6.34%로 나타났다. GDP 대비 자본소득세 및 노동소득세 비중은 현실의 자료로부터 계산된 목표통계를 맞추는 방식으로 캘리브레이션된 결과이며, GDP 대비 소비세율은 소비세율을 10%일 때 계산된 수치이다. GDP 대비 국민연금 지급액, 기초연금 지급액, 생계급여 지급액 비중은 각각 3.27%, 1.72%, 1.81%로 계산되었다.

〈표 3-4〉 기준 경제의 주요 통계

통계		수치
거시경제변수		
총생산		0.3492
총소비		0.2212
총자본		1.0625
총(유효)노동		0.2210
실질이자율		0.0403
실질임금		1.0000
정부 정책		
자본소득세/GDP		**0.0343**
노동소득세/GDP		**0.0260**
소비세/GDP		0.0634
국민연금 지급액/GDP		0.0327
기초연금 지급액/GDP		0.0172
생계급여 지급액/GDP		0.0181
세후소득 소득불평등도(지니계수)		
총인구	세전소득	0.3456
	세후소득	0.2669
65세 이상	세전소득	0.3772
	세후소득	0.1306
세후소득 소득불평등도(빈곤율)		
총인구	세전소득	0.3086
	세후소득	0.2590
65세 이상	세전소득	0.9961
	세후소득	0.7883

주: 세전소득은 노동소득과 자본소득으로 구성되며, 세후소득은 노동소득세와 자본소득세를 제외하고, 공적이전소득(국민연금, 기초연금, 생계급여)을 포함
출처: 저자가 모형 계산을 통해 구한 값임.

세전소득은 노동소득과 자본소득으로 구성되며, 세후소득은 노동소득세와 자본소득세를 제외하고 공적이전소득(국민연금, 기초연금, 생계급여)을 포함한다. 기준경제에서의 전체 인구의 세전소득 및 세후소득 지니계수는 0.3456과 0.2669로 나타났다. 2022년 가계금융복지조사 자료로 계산된 통계청의 세전소득 및 세후소득 지니계수는 0.3550과 0.3030으로 세전소득 지니계수는 유사했지만 세후소득 지니계수는 모형에서 조금 더 낮게 계산되었다. 한편 모형에서의 65세 이상 인구의 세전소득 및 세후소득 지니계수는 0.3772과 0.1306로 나타나, 자료에서의 65세 이상 인구의 세전소득 및 세후소득 지니계수인 0.5450과 0.3830보다는 상당히 낮게 계산되었다. 이러한 차이는 고령층을 중심으로 모형 내에서의 소득분포가 실제 소득분포를 잘 묘사하지 못하고 있음을 시사한다.

모형과 자료에서의 지니계수 차이가 발생하는 이유는 1차적으로 모형과 실제 자료에서의 근로소득 분포가 정확히 일치하지 않기 때문인 것으로 보인다. 본 모형에서 근로소득 분포는 노동생산성의 지속성(ρ_x)과 노동생산성 충격의 표준편차(σ_x)을 나타내는 파라미터에 따라 결정되며, 이영재 외(2019)과 동일한 값을 사용하였다. 모형에 한국의 근로소득 분포를 정확히 반영하기 위해서는 최근의 한국의 근로소득 자료를 사용하여 노동생산성의 지속성과 노동생산성 충격의 표준편차를 정확히 추정할 필요가 있으나, 이는 본 연구의 범위를 넘는 부분으로 이번 연구에는 반영하지 못하였다. 후속연구를 통해 한국의 근로소득 분포를 정확히 추정하고 이를 반영하여 모형의 캘리브레이션을 수행한다면 모형의 소득분포가 실제 자료의 소득분포를 보다 잘 묘사할 수 있을 것으로 기대된다.

전체 인구의 세전소득 및 세후소득 상대적빈곤율은 0.3086과 0.2590으로 계산되었으며, 65세 이상 인구의 세전소득 및 세후소득 상대적빈곤율은 0.9961과 0.7883로 나타났다. 자료에서의 전체 인구의 세전소득 및 세후소득 상대적빈곤율은 0.1270과 0.1000이며, 65세 이상 인구의 세전소득 및 세후소득 상대적빈곤율은 0.5710과 0.3810으로 모형에서보다 낮게 나타났다. 이러한 차이는 모형에서의 저소득자 비중이 자료에서의 저소득자 비중보다 많음을 시사한다. 이 역시 모형과 실제 자료에서의 근로소득 분포가 정확히 일치하지 않기 때문에 발생하는 오차인 것으로 보인다.

[그림 3-4]는 자료와 모형에서의 연령별 국민연금 가입기간을 비교하고 있다. 본 연구에서 국민연금 가입자 중 59세의 가입기간 평균만을 맞추도록 캘리브레이션을 한 점을 감안할 때, 50세 이후에 대해서는 가입기간의 평균을 비교적 잘 맞추고 있는 것으로 보인다. 그러나 50세 이전에는 연령별 국민연금 가입기간의 평균이 실제 자료에 비교하여 낮게 나타나고 있다. 국민연금 수급 시점 근처에서는 모형에서의 국민연금 가입기간 평균이 자료에서의 가입기간 평균과 유사하게 나타나 모형에서 국민연금 지급과 관련된 오차는 크지 않을 것으로 보인다.

[그림 3-4] 연령별 국민연금 가입기간 평균: 모형 vs. 자료

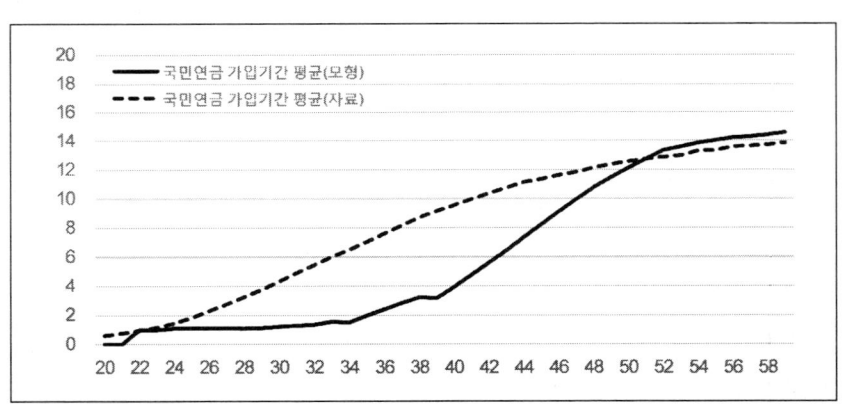

출처: "연령별 국민연금 가입기간", 한국보건사회연구원, 2024, 내부자료.

다만, 모형에서 50세 이전에 국민연금 가입기간의 평균이 낮게 나타나는 부분은 국민연금 보험료 및 노동공급 유인 등에 일부 영향을 줄 수 있다. 본 연구의 목적상 국민연금 재정은 연구 결과에 영향을 주지 않기 때문에 문제되지 않지만, 향후 국민연금 재정과 재원 조달 문제를 다루는 분석을 수행할 때는 국민연금 가입기간의 평균을 현재보다 더 정교하게 맞출 필요가 있다. 본 연구에서는 1세 단위로 모형을 설계하였기 때문에 계산 시간의 부담으로 국민연금 가입 인정 근로시간 하한(l)의 연령별 차등화를 반영할 수 없었다. 후속 연구에서는 5세 기준 모형을 설정하여 모형 계산의 부담을 줄이면서 국민연금 가입 인정 근로시간 하한(l_j)을 연령대별로 다르게 설정하여 분석한다면 연령대별 국민연금 평균 가입기간을 현재보다 더욱 정확하게 맞출 수 있을 것으로 보인다.

2. 정책 실험

가. 개별 노후소득보장제도의 소득재분배 효과 분석

1) 기준경제 기준

〈표 3-5〉는 기준경제에서의 국민연금, 기초연금, 생계급여의 소득재분배 및 노인빈곤 효과를 보여주고 있다. 세전소득은 노동소득과 자본소득으로 구성되며, 세후소득은 노동소득세와 자본소득세를 제외하고 공적이전수입(국민연금, 기초연금, 생계급여)을 포함한다. 기준경제에서의 전체 인구의 세전소득 및 세후소득 지니계수는 0.3456과 0.2669로 나타났다. 한편, 65세 이상 인구의 세전소득 및 세후소득 지니계수는 0.3772와 0.1306로 나타났다. 국민연금, 기초연금, 생계급여 지급에 따른 소득재분배 효과가 반영되어 65세 이상 인구의 세후소득 지니계수가 큰 폭으로 낮아진 것을 확인할 수 있다.

〈표 3-5〉 소득재분배 효과(지니계수 및 빈곤율): 기준경제 기준

			기준경제	국민연금 폐지	기초연금 폐지	생계급여 폐지
총인구	지니계수	세전소득	0.3456	-	-	-
		세후소득	0.2669	0.3123	0.2794	0.2818
	빈곤율	세전소득	0.3084	-	-	-
		세후소득	0.2590	0.3150	0.2678	0.2665
65세 이상	지니계수	세전소득	0.3772	-	-	-
		세후소득	0.1306	0.2281	0.1699	0.1974
	빈곤율	세전소득	0.9961	-	-	-
		세후소득	0.7883	1.0000	0.8214	0.8102

주: 세전소득은 노동소득과 자본소득으로 구성되며, 세후소득은 노동소득세와 자본소득세를 제외하고 공적이전소득(국민연금, 기초연금, 생계급여)을 포함
출처: 저자가 모형 계산을 통해 직접 작성

총인구 기준으로 국민연금, 생계급여, 기초연금이 없을 경우의 세후소득 지니계수는 0.2669에서 각각 0.3123, 0.2794, 0.2818로 나타나 소득불평도가 대체로 높아지는 것으로 나타났다. 65세 인구 기준으로 살펴볼 때, 국민연금, 기초연금, 생계급여가 없을 경우의 세후소득 지니계수는 0.1306에서 각각 0.2281, 0.1669, 0.1974로 증가하여 소득불평도가 높아지는 것으로 나타났다. 이를 바탕으로 평가할 때 기준경제에서는 국민연금, 생계급여, 기초연금 순으로 노후 소득분배 개선효과가 높은 것으로 해석할 수 있다. 한편 노후빈곤 정도를 나타내는 65세 이상 인구의 세후소득 빈곤율 기준으로는, 국민연금, 기초연금, 생계급여가 없을 경우의 세후소득 빈곤율은 0.7883에서 각각 1.0000, 0.8214, 0.8102로 증가하는 것으로 나타났다. 빈곤율 기준으로도 국민연금의 노후빈곤 개선효과가 가장 높게 나타났으며, 기초연금이 생계급여보다 빈곤 개선효과가 소폭 높게 나타났다.

2) 모형 재계산 기준

앞서 <표 3-5>에서 제시한 국민연금, 기초연금, 생계급여의 노후 소득 분배 및 노후빈곤 완화 효과는 경제주체들의 최적선택 변화를 고려하지 않은 사후적인 효과를 의미한다. 그런데 국민연금, 기초연금, 생계급여가 존재하지 않았을 경우에는 해당 제도가 없다는 것을 감안하여 생애주기 상에서 경제주체들의 소비, 자산, 노동공급 선택이 달라지게 되며, 이에 따라 기준경제와는 다른 소득분배 상황이 나타날 수 있다. 따라서 보다 의미 있는 정책실험은 사전적으로 국민연금, 기초연금, 생계급여가 존재하지 않을 때의 소득재분배 효과를 살펴보는 것이다. 특정 노후소득보장 제도가 존재하지 않았을 때 경제주체들은 노후소득 감소를 대비하여 생애 주기상에서 미리 예비적(precautionary)으로 노동공급과 저축을 늘려 노후 시기의 자산과 소비 수준을 높이려고 할 것이다. 이러한 예비적 노동 공급과 저축 선택의 변화는 경제 전체의 노동량과 자본량에 영향을 주어 실질이자율과 실질임금을 변화시키는 일반균형 효과를 야기한다.

<표 3-6> 소득재분배 효과(지니계수 및 빈곤율): 모형 재계산 기준

			기준경제	국민연금 폐지	기초연금 폐지	생계급여 폐지
총인구	지니계수	세전소득	0.3456	0.3232	0.3420	0.3379
		세후소득	0.2669	0.2766	0.2724	0.2724
	빈곤율	세전소득	0.3084	0.2994	0.3090	0.3057
		세후소득	0.2590	0.3054	0.2514	0.2517
65세 이상	지니계수	세전소득	0.3772	0.3222	0.3466	0.3413
		세후소득	0.1306	0.0733	0.1789	0.1760
	빈곤율	세전소득	0.9961	1.0000	0.9983	0.9991
		세후소득	0.7883	0.9996	0.7532	0.7564

주: 세전소득은 노동소득과 자본소득으로 구성되며, 세후소득은 노동소득세와 자본소득세를 제외하고 공적이전소득(국민연금, 기초연금, 생계급여)을 포함
출처: 저자가 모형 계산을 통해 직접 작성

〈표 3-6〉은 특정 노후소득보장제도가 없었을 경우를 가정하여 모형을 다시 계산하여 소득재분배 효과를 분석한 결과를 보여준다. 〈표 3-5〉와 다르게 각 정책실험에서 세전소득의 지니계수 및 빈곤율이 다르게 나타남을 확인할 수 있다. 이는 특정 노후소득보장제도가 없을 때 경제주체들의 예비적 노동공급 및 자산 선택이 반영된 결과이다. 65세 이상의 세전소득 지니계수 기준으로 판단할 때, 국민연금, 기초연금, 생계급여가 없었을 경우에 오히려 소득분배 상태가 개선되는 것으로 나타났다. 이는 특정 노후소득보장제도가 존재하지 않았을 때 경제주체들은 노후소득 감소를 대비하여 생애주기상에서 미리 예비적으로 노동공급과 저축을 늘려 노후 시기의 자산과 소비 수준을 높이려고 행동한 결과로 볼 수 있다.

구체적으로 국민연금을 폐지한 경우에는 노후소득 감소를 대비한 예비적 노동공급 증가로 평균 노동시간이 0.3121로 증가하였으며, 예비적 저축 증가로 총 자본량은 1.1299로 증가하였다. 그 결과 노동 대비 자본이 상대적으로 더 많이 늘어나, 실질이자율은 0.0298으로 크게 감소하고 실질임금은 1.0499로 증가하였다. 65세 이상 세후소득 지니계수 기준으로 국민연금을 폐지한 경우 지니계수는 0.1306에서 0.0733으로 낮아져 소득분배가 오히려 개선된 것으로 나타났다. 그러나 65세 이상 세후소득 빈곤율 기준으로 살펴보면 국민연금 폐지는 빈곤율을 악화시키는 것으로 나타났다. 지니계수와 빈곤율 결과를 종합해 보면, 국민연금 폐지는 경제주체들의 예비적 노동공급 및 저축 증가로 이어져 노후 소득분포를 개선시키지만, 전반적인 노후소득을 감소시켜 빈곤율을 큰 폭으로 높이고 있다. 즉, 국민연금 폐지는 노후 소득분배는 개선시키지만, 노후빈곤을 전반적으로 악화시키는 효과를 가져온다. 다른 말로 표현하면, 국민연금 제도는 노후 소득분배를 악화시키지만 노후빈곤을 완화시키는 역할을 한다.

기초연금을 폐지한 경우에는 저소득층을 중심으로 노후소득 감소를 대비한 예비적 노동공급 증가로 평균 노동시간이 0.3025로 소폭 증가하였으며, 예비적 저축 증가로 총 자본량은 1.1572로 증가하였다. 그 결과 노동 대비 자본이 상대적으로 더 크게 늘어나 실질이자율은 0.0353으로 감소하고 실질임금은 1.0201로 증가하였다. 65세 이상 세후소득 지니계수 기준으로 기초연금을 폐지한 경우 지니계수는 0.1306에서 0.1789로 높아져 소득분배가 악화된 것으로 나타났다. 한편 65세 이상 세후소득 빈곤율 기준으로 살펴보면 기초연금 폐지는 빈곤율을 일부 개선시키는 것으로 나타났다. 지니계수와 빈곤율 결과를 종합해 보면, 기초연금 폐지는 근로소득 수준이 낮은 경제주체들을 중심으로 비대칭적으로 소득을 줄이는 효과를 가져와 소득분포를 악화시키는 것으로 해석된다. 한편 저소득층을 중심으로 예비적 노동공급 및 저축을 증가시켜 기초연금 폐지에 따른 소득 감소를 상쇄하면서 빈곤율을 낮추는 효과를 가져온다. 결과적으로 기초연금 폐지는 전반적으로 노후 소득분배를 악화시키지만, 저소득층을 중심으로 노후빈곤을 소폭 완화하는 효과를 가져온다. 다른 말로 표현하면, 기초연금 제도는 노후 소득분배를 개선시키지만 노후빈곤을 악화시키는 역할을 한다.

생계급여를 폐지하는 경우에도 기초연금을 폐지하는 경우와 유사한 결과가 도출된다. 생계급여를 폐지한 경우에는 노후소득 감소를 대비한 예비적 노동공급 증가로 평균 노동시간이 0.3054로 소폭 증가하였으며, 예비적 저축 증가로 총 자본량은 1.1472로 증가하였다. 그 결과 노동 대비 자본이 상대적으로 더 크게 늘어나 실질이자율은 0.0361으로 감소하고 실질임금은 1.0195로 증가하였다. 65세 이상 세후소득 지니계수 기준으로 생계급여를 폐지한 경우 지니계수는 0.1306에서 0.1760으로 높아져 소득분배가 악화된 것으로 나타났다. 한편 65세 이상 세후소득 빈곤율 기준으로 살펴보면 생계급여 폐지는 빈곤율을 일부 개선시키는 것으로 나타났다. 지니계수와 빈곤율 결과를 종합해 보면, 생계급여 폐지는 근로소득 수준이 낮은 경제주체들을 중심으로 비대칭적으로 소득을 줄이는 효과를 가져와 소득분배를 악화시키는 것으로 해석된다. 한편 저소득층을 중심으로 예비적 노동공급 및 저축을 증가시켜 생계급여 폐지에 따른 소득 감소를 상쇄하면서 빈곤율을 낮추는 효과를 가져온다. 결과적으로 생계급여 폐지는 전반적으로 노후 소득분배를 악화시키지만, 저소득층을 중심으로 노후빈곤을 소폭 완화하는 효과를 가져온다. 다른 말로 표현하면, 생계급여 제도는 노후 소득분배를 개선시키지만 노후빈곤을 악화시키는 역할을 한다.

분석 결과를 요약하면, 소득분배 측면에서는 기초연금과 생계급여는 소득분배를 개선시키고, 국민연금은 소득분배를 악화시키는 것으로 분석되었다. 기초연금과 생계급여는 소득수준이 낮은 경제주체들을 중심으로 소득지원을 하기 때문에 소득분배 개선에 도움을 주는 것으로 해석할 수 있다. 한편, 국민연금의 경우에는 연금에 내재된 소득재분배 효과에도 불구하고 예비적 노동공급 및 저축 감소에 따라 오히려 전반적인 소득분배는 악화시키는 것으로 보인다. 한편 노후빈곤 측면에서는 기초연금과 생계급여는 급여지급에도 불구하고 예비적 노동공급 및 저축 감소에 따라 노후빈곤을 소폭 악화시키는 것으로 나타났다. 이러한 결과는 기초연금과 생계급여의 수준이 충분히 높지 않기 때문으로 보인다. 반면, 국민연금은 상대적으로 지급액 수준이 높아 예비적 노동공급 및 저축 감소에도 불구하고 노후빈곤을 크게 개선하는 것으로 나타났다.

나. 국민연금 사각지대 해소의 소득재분배 효과 분석

지금까지는 2023년 기준 65세 이상 인구 중 국민연금 수급자 비중(47.31%)을 반영하여 52.69%의 국민연금 사각지대가 있는 경우의 경제를 분석하였다. 현재 비공식 노동시장의 공식화를 위해서, 즉 국민연금 가입률을 높이기 위해 두루누리 사회보험 지원사업 등의 지원책을 통해 국민연금 미가입자의 가입 유인을 높이고 있으며 동시에 여러 홍보 및 독려 정책 등도 시행되고 있다. 이러한 정부의 국민연금 사각지대 완화 정책이 성공하여 국민연금 사각지대가 없어졌을 경우에 노후 소득재분배 및 노인빈곤에 어떠한 영향이 나타나는지를 분석한다. 구체적으로 모형의 시뮬레이션에서 국민연금 가입자 비율을 47.31%에서 100%로 변경시키는 정책실험을 수행하였다.

〈표 3-7〉은 국민연금의 사각지대가 없어졌을 때의 모형의 주요 통계를 보여준다. 국민연금 사각지대가 없는 경우에는 예비적 노동공급 및 저축이 줄어들어 평균 근로시간은 0.2844로 줄어들고 총자본도 0.9435로 줄어든다. 총(유효)노동도 0.2210에서 0.2123으로 줄어든다. 그 결과 노동보다 자본이 더 크게 줄어들어 실질이자율은 0.0462로 높아지고 실질임금은 0.9714로 낮아진다. 국민연금 사각지대 효과를 반영하여 GDP 대비 국민연금 지급액은 3.27%에서 8%로 크게 증가하였다. 65세 이상 인구 기준으로 살펴보면 세전소득 지니계수는 0.3772에서 0.4743으로 크게 증가하였다. 이는 기준경제에서 국민연금 미가입자들을 중심으로 예비적 노동공급 및 저축 수준 낮아져 이들의 근로소득이 감소한 결과로 풀이된다. 한편 국민연금 사각지대 완화의 효과가 반영되어 65세 이상의 세후소득 지니계수는 0.1306에서 0.0570으로 낮아져 소득분배가 개선되었음을 확인할 수 있다. 한편 국민연금 사각지대 해소의 효과가 반영되어 65세 이상의 세후소득 빈곤율도 0.7883에서 0.0584로 큰 폭으로 낮아졌다. 이상의 분석결과를 바탕으로 판단할 때, 국민소득 사각지대 해소는 노후 소득분배와 노후빈곤 모두를 큰 폭으로 개선하는 것으로 보인다.

<표 3-7> 국민연금 사각지대 해소의 효과

통계		기준경제	국민연금 사각지대 해소
거시경제변수			
총생산		0.3492	0.3253
총소비		0.2212	0.2189
총자본		1.0625	0.9435
총(유효)노동		0.2210	0.2123
실질이자율		0.0403	0.0462
실질임금		1.0000	0.9714
정부 정책			
국민연금 지급액/GDP		0.0327	0.0800
기초연금 지급액/GDP		0.0172	0.0166
생계급여 지급액/GDP		0.0181	0.0167
세후소득 소득불평등도(지니계수)			
총인구	세전소득	0.3456	0.3517
	세후소득	0.2669	0.1989
65세 이상	세전소득	0.3772	0.4743
	세후소득	0.1306	0.0570
세후소득 소득불평등도(빈곤율)			
총인구	세전소득	0.3086	0.3122
	세후소득	0.2590	0.0442
65세 이상	세전소득	0.9961	0.9900
	세후소득	0.7883	0.0584

주: 세전소득은 노동소득과 자본소득으로 구성되며, 세후소득은 노동소득세와 자본소득세를 제외하고, 공적이전소득(국민연금, 기초연금, 생계급여)을 포함
출처: 저자가 모형 계산을 통해 구한 값임.

제7절 소결

이 장에서는 한국의 주요 노후소득보장제도인 국민연금 및 기초연금과 더불어 국내 선행연구에서 명시적으로 다루어지지 않은 국민기초생활보장제도(생계급여)와 내생적 노동공급 결정을 반영한 동태확률일반균형 모형을 구축하여 노후 소득분배 및 노후빈곤 효과를 분석하였다. 그리고 가상적으로 국민연금 사각지대가 없어졌을 때의 노후 소득분배 및 노후빈곤 상태도 분석하였다.

먼저 개별 노후소득보장제도가 노후 소득분배 및 노후빈곤에 미치는 영향을 분석한 결과를 요약하면 다음과 같다. 소득분배 측면에서는 기초연금과 생계급여는 소득분배를 개선시키고, 국민연금은 소득분배를 악화시키는 것으로 분석되었다. 기초연금과 생계급여는 소득수준이 낮은 경제주체들을 중심으로 소득지원을 하기 때문에 소득분배 개선에 도움을 주는 것으로 해석할 수 있다. 한편, 국민연금의 경우에는 연금에 내재된 소득재분배 효과에도 불구하고 예비적 노동공급 및 저축 감소에 따라 오히려 전반적인 소득분배는 악화시키는 것으로 보인다. 한편 노후빈곤 측면에서는 기초연금과 생계급여는 급여지급에도 불구하고 예비적 노동공급 및 저축 감소에 따라 노후빈곤을 소폭 악화시키는 것으로 나타났다. 이러한 결과는 기초연금과 생계급여의 수준이 충분히 높지 않기 때문으로 보인다. 반면, 국민연금은 상대적으로 지급액 수준이 높아 예비적 노동공급 및 저축 감소에도 불구하고 노후빈곤을 크게 개선하는 것으로 나타났다.

국민연금 사각지대가 없는 경제에서는 현재의 기준경제 대비 노후 소득분배와 노후빈곤 모두 큰 폭으로 개선되는 것으로 분석되었다. 이는 기준경제에서 국민연금 미가입자들을 중심으로 예비적 노동공급 및 저축 수준 낮아져 이들의 근로소득이 감소하지만, 모든 경제주체들이 국민연금을 수급받게 되므로 전반적인 노후 소득분배가 개선되었기 때문이다. 한편 모든 경제주체들이 국민연금을 수급함에 따라 빈곤율도 큰 폭으로 낮아지게 된다. 현실에서 국민연금 사각지대를 줄이기 위해서는 근본적으로 비공식 노동시장의 공식화를 위한 정책적 노력이 필요할 것이라 판단된다. 비공식 노동시장의 공식화를 위해서는 두루누리 사회보험 지원사업 등의 지원책을 통해 국민연금 미가입자의 가입 유인을 높임과 동시에 미가입 사업장에 대한 감독 및 제재도 균형있게 강화할 필요가 있다고 판단된다.24)

---

24) 이러한 측면에서 후속 연구를 통해 국민연금 사각지대 완화 방안(인센티브 제공 및 감독 강화)의 경제적 효과가 분석될 수 있기를 기대한다.

제4장

마이크로시뮬레이션 모형을 이용한 중장기 노후빈곤 전망

제1절 분석 개요
제2절 분석 모형
제3절 정책 시뮬레이션
제4절 소결

제4장 마이크로시뮬레이션 모형을 이용한 중장기 노후빈곤 전망

제1절 분석 개요

최근까지 감소하던 노인빈곤율이 2022년에는 38.1%로 소폭 상승하면서 노인빈곤율이 다시금 주목받고 있다(서한기, 2024). 이원진(2024)에 따르면, 노인빈곤율 감소세가 둔화된 것은 그간 노인빈곤 완화에 크게 기여해왔던 공적 이전의 효과가 정체되었기 때문이다. 이에 따라 노인빈곤의 향방에 대한 학계의 관심이 높아지고 있다.

서론에서 언급한 것처럼, 노인빈곤의 향방에 대해서는 상반된 견해가 존재한다. 세대 간 빈곤율 차이에 주목하여 향후 베이비 붐 세대의 노인 진입과 연금제도의 성숙에 따라 노인빈곤율이 완화될 것이라는 견해와(이승희, 2023), 이를 단언하기 어렵다는 견해(권혁진, 류재린, 2018; 이원진 외, 2022)가 대립하고 있다.

[그림 4-1]은 이러한 견해차를 잘 보여준다. 이승희(2023)는 이 그림에서 세대 간 빈곤율 차이에 주목한다. 그는 "더 늦게 태어난 세대일수록 이전 세대보다 빈곤 문제가 덜하다"고 지적한다. 당연하게도 이는 타당한 지적이다. 다만, 67~71세(2016년)에는 34.7%였던 1940년대 후반생의 빈곤율이 72~76세에 44.5%로 급격히 높아지는 것에 주목해야 한다. 이는 70~74세 사이에 노동소득(근로 및 사업소득)이 급감하면서 나타나는 현상으로 풀이되는데, [그림 4-2]를 보면 75세 이상 노인의 소득에서 근로 및 사업소득의 비중이 낮아지는 반면, 공적연금의 비중이 크게 늘어남을 알 수 있다. 이는 경제력이 높은 베이비 붐 세대라 하더라도 공적연금 급여가 충분하지 않다면 다시 빈곤에 직면할 가능성이 높음을 시사한다.

[그림 4-1] 세대 간 빈곤율 차이

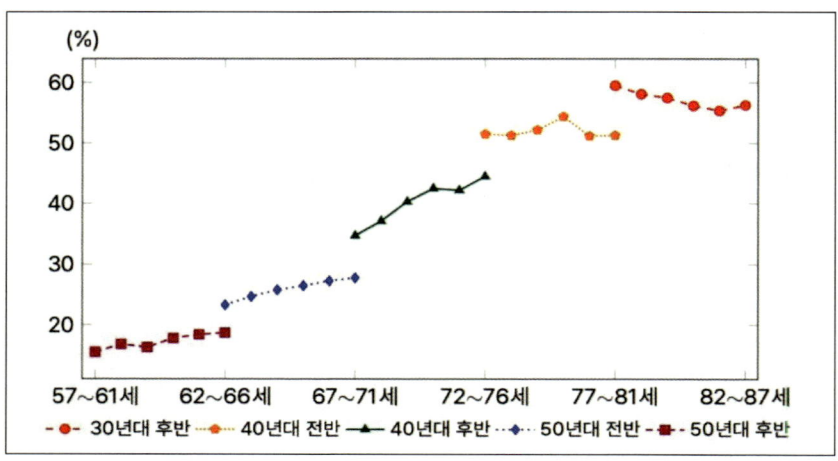

출처: "노인빈곤에 관한 연구: 소득과 소비를 중심으로", 이승희, 2023, 한국개발연구원 정책연구시리즈 2023-12, p. 51.

[그림 4-2] 연령별 개인소득

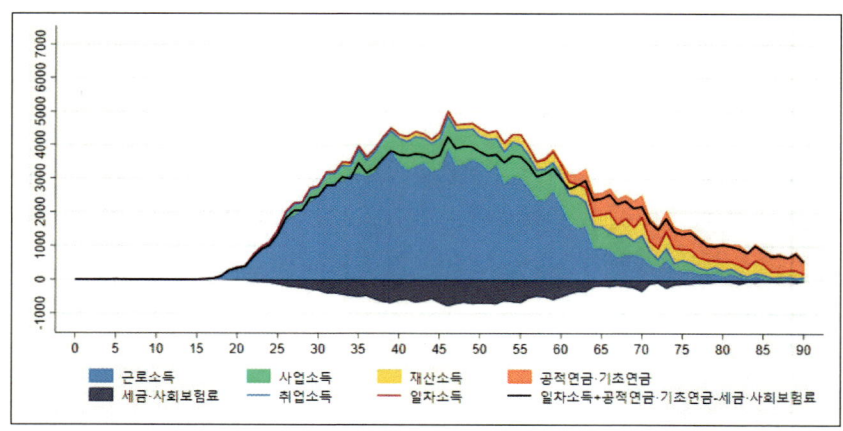

주: 1) 가구 내에서 합산·균등화하지 않은 개인소득임. 세금·사회보험료는 음수로 표시. 공적연금은 국민연금 및 직역연금을 의미함. 재산소득은 금융소득, 임대소득, 개인연금, 퇴직연금을 의미함.
   2) 취업소득 = 근로소득+사업소득, 일차소득 = 취업소득+재산소득
출처: "국가지속을 위한 3대 구조개혁(노동·교육·연금) 연계전략", 김인경 외, 근간, 경제인문사회연구회 협동연구총서, p. 454.

이처럼 공적연금이 노인빈곤의 완화에 지대한 영향을 미치지만, 정작 최근의 연금개혁 논의에서는 노인빈곤의 향방이 언급되지 않고 있다. 연금제도가 성숙되면 자연스럽게 노인빈곤이 완화될 것이라 낙관할 뿐이다. 그러나 앞서 살펴본 것처럼 노인빈곤이 계속 완화될 것이라 단언할 수 없기에 향후의 연금개혁 추진과정에서는 노인빈곤의 추이에 주목할 필요가 있다. 현행 제도 하에서는 언제, 어느 수준까지 노인빈곤이 완화될 것인지, 향후 연금개혁을 통해서는 노인빈곤이 얼마나 더 해소될 것인지에 대한 검증이 필요하다.

이러한 맥락에서 이 장에서는 Dynamic MSM을 이용해 중장기 노인빈곤 전망을 시도한다. 앞선 2장에서 살펴본 것처럼 MSM은 대표적인 미시 전망 모형으로, 소득 분포와 연금제도를 자세히 구현할 수 있을 뿐 아니라 구체적인 정책 시나리오 분석을 수행할 수 있다는 장점이 있다. 그러나 동 모형의 개발에는 많은 시간과 자원이 필요하므로, 본 연구는 공적연금의 개혁 효과 분석을 위해 구축된 MSM 모형인 KIHASA SIM을 일부 개선하여 노후빈곤 전망 모형으로 발전시키고자 한다. 이를 위해 국민연금과 관련된 기초자료를 업데이트하고, 소득 추정 모듈을 개선한다. 이 외에도 건강 상태 변수를 고려해 소득 계층별로 상이한 기대여명을 반영하고, 임의가입제도를 추가하여 모형의 완성도를 높이려 한다.

이 장의 구성은 다음과 같다. 먼저 2절에서는 KIHASA SIM의 구조와 특징을 간단히 소개한 뒤, 주요 개선점을 살펴본다. 이후 3절에서는 연금개혁 시나리오를 설정하고, 그에 따른 노인빈곤의 변화를 전망한다. 마지막으로 4절에서는 주요 결과를 요약하며 시사점을 도출한다.

제2절 분석 모형

1. 모형 개요[25]

본 연구에서 구축하는 중장기 노후빈곤 전망 모형은 KIHASA SIM에 기반한다. 동 모형은 2015년 인구주택 총조사 2% 표본(998,459명)에 기초하는 순차적 동태 모형이다. 이는 전체 출생 코호트를 대표하는 센서스 자료에 기반하여, 여러 생애사건들을 순차적으로 시뮬레이션한다. 또한 모형 내에서 인구통계적 사건 발생을 처리하며 이민을 고려하지 않는 폐쇄 모형이다.[26] 동 모형은 여러 개의 모듈로 구성되어 있다. 각 모듈은 '출산-가구 구성(결혼 및 이혼)-교육-경제활동- 소득-국민연금-자산-기초연금-고용보험-건강-사망 및 관련 사건'의 순서로 배치되어 있다([그림 4-3] 참조). 모형 내 개인들은 매년 각 모듈을 순차적으로 순환하여 여러 생애사건을 경험하는데, 동일한 생애 사건은 한 해에 한 번만 발생하도록 설계되어 있다.

---

[25] 이 부분의 내용은 류재린 외(2023), 송창길 외(2024), 하솔잎 외(근간)를 주로 참고하였다.
[26] 즉, 이 모형의 인구는 통계청 장래인구추계의 중위가정이 아니라 국제 이동이 없는 시나리오와 유사하다.

[그림 4-3] KIHASA SIM의 순환도(안)

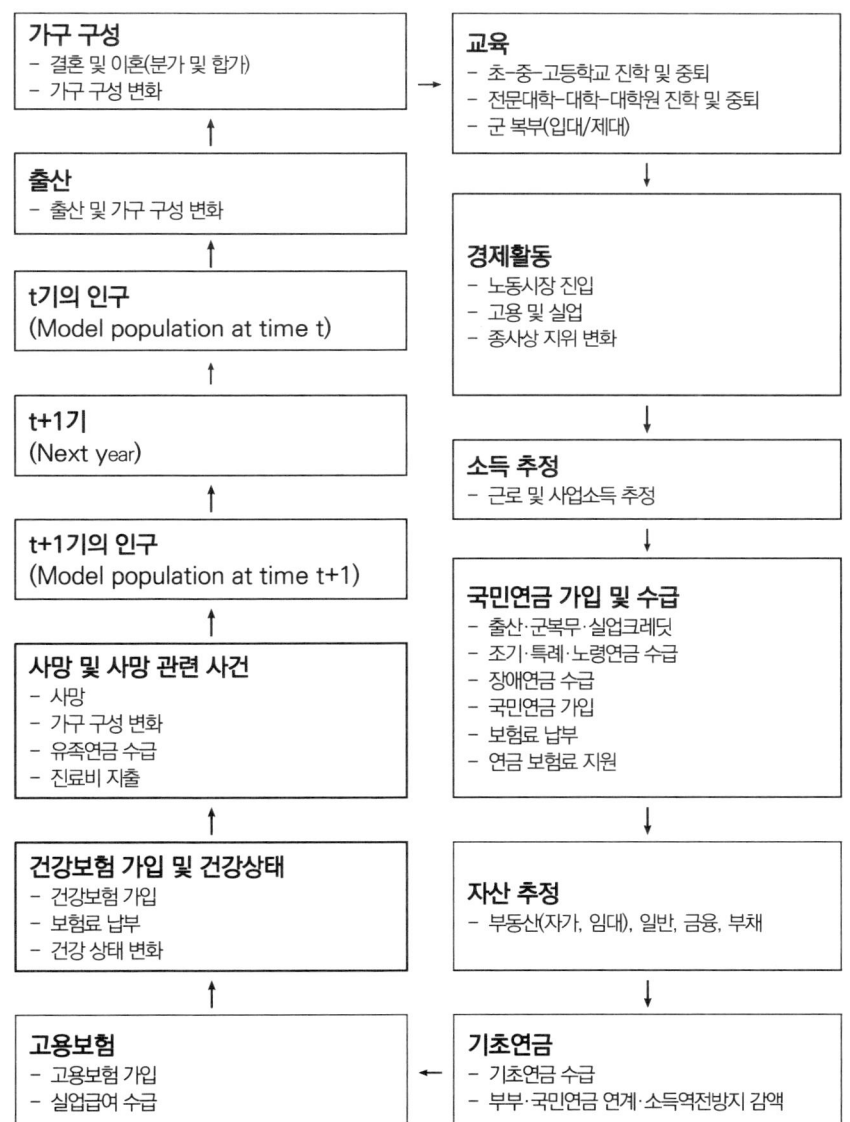

출처: "공적연금의 개혁 효과 분석을 위한 동태적 미시 모의실험 모형 개발", 류재린 외, 2023, 한국보건사회연구원, p. 42를 일부 수정.

KIHASA SIM의 모듈 내 시뮬레이션 과정은 [그림 4-4]와 같다. 각 모듈은 이전에 배치된 모듈에서 생성된 자료를 불러온 뒤, 시뮬레이션 수행에 필요한 여러 자료들(집계치 조정 자료, 파라미터 등)을 결합한다. 이때, 집계치 조정 자료는 당해 년의 집계치 조정에 필요한 외부 전망치(예, 출생아 수, 사망자 수, 결혼 및 이혼 건수, 국민연금 가입률 등)를 의미하며, 파라미터 자료는 행태방정식 및 분포 추정에 필요한 파라미터 값들이다. 관련 자료를 결합한 이후에는 시뮬레이션을 수행하고, 다음 모듈 또는 다음 기(t+1)의 시뮬레이션을 위한 자료를 산출한다.

[그림 4-4] KIHASA SIM의 모듈 내 시뮬레이션 과정

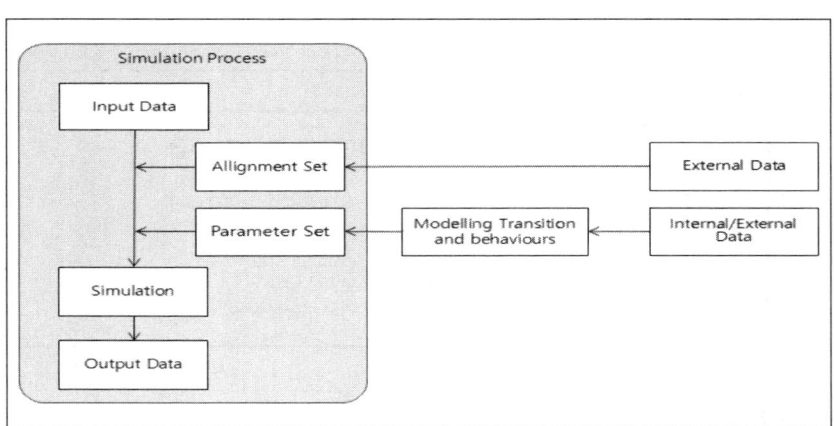

출처: "공적연금의 개혁 효과 분석을 위한 동태적 미시 모의실험 모형 개발", 류재린 외, 2023, 한국보건사회연구원, p. 43.

KIHASA SIM의 생애 사건들은 여러 사회경제적 특성에 의해 결정된다(〈표 4-1〉 참조). 이는 모형의 순차 과정에서 결정되는 개인의 상태 및 특성 변화가 다른 사건의 발생에 직·간접적인 영향을 미친다는 것을 의미한다. [그림 4-5]는 KIHASA SIM의 주요 생애사건들 사이의 관계를

보여주는데, 이를 통해 각 생애사건들이 매우 복잡한 관계를 형성하고 있음을 알 수 있다. 예를 들어, t기의 경제활동상태 변화는 t기의 소득 수준, 국민연금 가입, 자산 보유 뿐 아니라 t+1기의 출산과 소득 영향을 미치며, 한편으로는 소득을 통해서도 t기의 국민연금 가입, 자산 보유, 기초연금 수급 여부, 노령연금 수급자의 평균소득(A값) 등에 2차 효과를 미친다.

〈표 4-1〉 KIHASA SIM의 주요 생애 사건과 결정 변수

사건 또는 특성	사건을 결정하는 데 사용되는 변수
출산	연령, 연령 제곱, 취업 여부, 교육년수, 자녀 수, 출산 대기 기간
결혼[1]	연령, 대상자의 연령차, 교육 수준, 이혼/사별 경험, 군복무 여부
대학진학	가구소득, 부모의 학력
경제활동상태	연령, 연령 제곱, 가구주 여부, 혼인상태, 교육년수, 5세 미만 자녀 수, 전기(t-1)의 경제활동상태
소득	연령, 연령 제곱, 교육 수준, 종사상지위, 가구주 여부, 배우자 유무, 배우자의 취업 여부, 8세 미만 자녀의 수, 전기(t-1)의 소득수준, 전기(t-1)의 경제활동상태
국민연금 가입	성별, 연령, 연령 제곱, 배우자 유무, 교육 수준, 종사상 지위, 근로 및 사업 소득
자산 보유	성별, 연령, 연령 제곱, 교육 수준, 종사상지위, 배우자 유무, 가구 소득, 가구원 수, 전기(t-1)의 자산
건강보험	성별, 연령, 연령 제곱, 가구주 여부, 교육 수준, 혼인상태, 종사상 지위, 소득, 자산
건강상태 (질병)	성별, 연령, 혼인상태, 교육 수준, 가구소득 수준, 종사상 지위, 주관적 건강 상태, 의료급여 수급 여부
진료비	성별, 연령, 종사상 지위, 교육 수준, 가구 소득 수준, 의료급여 수급 여부, 질병(군), 당해 사망 여부
사망	성별, 연령, 질병(군), 의료비 지출, 가구 소득수준

주: 1) 이혼/사별 경험, 군복무 여부는 결혼 대상자를 선별하는 과정에만 반영됨.
출처: "인구구조 변화와 건강성과 향상을 고려한 사회보험의 정책방향 모색", 하솔잎 외, 근간, 한국보건사회연구원, p. 73.

[그림 4-5] KIHASA SIM 내 주요 생애사건 간 관계

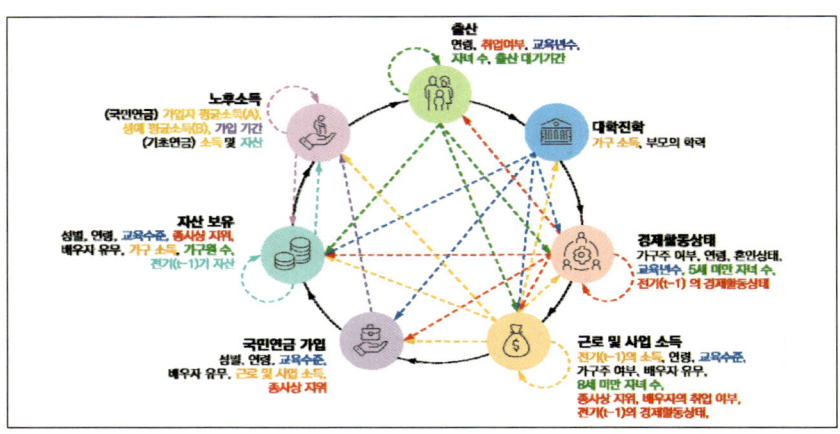

출처: "지속가능한 미래 기획을 위한 인구의 질적 전망과 정책과제", 송창길 외, 2024, 경제·인문사회연구회, p.172.

    KIHASA SIM은 다양한 기초자료에 기반한다(<표 4-2> 참조). 각 생애사건별로 다양한 자료들이 활용되는데, 이하에서는 중장기 전망 시 가장 중요한 인구와 거시경제 변수에 대해서만 간단히 살펴본다. 먼저, 인구 전망치는 한국보건사회연구원 인구추계 모형의 중위가정 추계를 활용한다(송창길 외, 2023). 이는 통계청의 인구추계 방법론을 구현한 뒤 추계기간을 2120년까지 확장한 것으로, 전반적인 추계 결과가 통계청(2021)과 거의 유사하다.[27] 이는 통계청(2021)이 제공하지 않는 2070년 이후에 대한 추계치를 제공하므로, 장기간의 시뮬레이션을 수행하는 본 연구에서 이를 활용하는 것은 불가피한 선택이라 할 수 있다. 한편, 본 연구는 제5차 재정계산의 거시경제 전망치와 경제활동참가율을 적용한다(<표 4-3> 참조). 단, 국민연금 재정추계전문위원회(2023)가 10년 단위의 단순평균치를 제공하고 있으므로, 본 연구를 이를 연간 단위로 보정하여 사용한다.

---

[27] 두 추계는 100세 이상자에 대한 추계 방법, 출산율 추정 방법 등이 다름에도 불구하고 몇 천명 이내의 차이를 보인다(송창길 외 2023).

〈표 4-2〉 주요 생애사건별 활용 자료(안)

구분	사건/변수	집계값 조정 셋	파라미터 셋
출산	출산	(출생아 수) 송창길 외(2023)	(출산확률) 한국노동패널조사
가구구성	결혼	(초혼 및 재혼률) 인구동향조사	(결혼확률) 인구·주택총조사
	이혼	(이혼률) 인구동향조사	-
교육	상급학교 진학	(학교급별 진학률) 한국교육개발원 교육통계자료	(대학진학률) 한국노동패널조사
	대학 진학		
	군대 입대/제대	(군 면제율) 병무청 자료	
노동시장	경제활동 상태 이행	(고용률) 제5차 국민연금 재정계산 (종사상지위별 비율) 경제활동인구조사 (경제활동이행비율) 한국노동패널	(근로 및 사업소득) 가계금융복지조사
	근로소득		
국민연금	국민연금 가입	(가입종별 가입률) 제5차 국민연금 재정계산, 경제활동인구조사 (조기수급률) 제5차 국민연금 재정계산 (과거 가입 및 이력) 노후보장패널 및 행정자료(2005~2009)	(국민연금 가입확률) 경제활동인구조사
자산	부동산, 금융, 부채	-	(자산) 한국재정패널조사
기초연금	신청/수급	-	-
건강	건강보험 가입	(의료급여 수급자 비율) 한국의료패널조사	-
	질병 유병	(질병군별 유병률) 질병통계(심평원)	(질병군별 유병 확률) 한국의료패널조사
	의료 이용	(의료이용 비율) 한국의료패널조사	(의료이용 발생확률) 한국의료패널조사
	의료비 지출		(진료비) 한국의료패널조사
사망	사망	(사망률) 송창길 외(2023)	(사망확률) 건강보험 표본코호트DB
거시경제변수	이자율, 임금상승률	제5차 국민연금 재정계산	

출처: "인구구조 변화와 건강성과 향상을 고려한 사회보험의 정책방향 모색", 하솔잎 외, 근간, 한국보건사회연구원, p. 75를 일부 수정.

〈표 4-3〉 KIHASA SIM의 경제변수 가정(제5차 국민연금 재정계산)

(단위: %)

	2023~2030	2031~2040	2041~2050	2051~2060	2061~2070	2071~2080	2081~2093
실질경제성장률	1.9	1.3	0.7	0.4	0.2	0.2	0.3
실질임금상승률	1.9	1.9	1.8	1.7	1.6	1.6	1.5
실질금리	1.4	1.4	1.3	1.2	1.2	1.2	1.2
물가상승률	2.2	2.0	2.0	2.0	2.0	2.0	2.0
경제활동참가율	63.0	59.9	56.1	54.0	52.7	52.2	52.6

주: 제시된 경제변수 가정은 해당 기간의 단순평균임.
출처: "국민연금 장기재정추계", 국민연금 재정추계전문위원회, 2023, p. 41.

2. 주요 개선사항

가. 소득 모듈

현재 우리나라는 소득분배 지표는 가계금융복지조사에 기반한다. 이는 매우 다양한 소득원천을 반영하고 있는데(〈표 4-4〉 참조), 특히 공적이전소득은 공적연금, 아동관련 급여, 장애관련 급여, 기초보장 관련 급여 등 다양한 급여로 이루어져 있다. 노인빈곤을 보다 정확히 측정하기 위해서는 이처럼 여러 소득원천을 반영하는 것이 중요하다. 한편으로 소득 파악의 정확성을 높이는 것도 중요한데, 설문조사를 통한 소득 파악은 정확도 측면에서 근본적인 한계를 지닌다. 이에 가계금융복지조사는 2020년부터 행정자료를 통해 소득정보를 보완하고 있다.

그러나 미래, 특히 먼 미래를 전망할 때에는 이처럼 다양한 소득원천을 반영하기도 어렵고 소득의 정확도를 높이기도 어렵다. 소득분포에 대한 시뮬레이션은 소득과 그 결정요인(교육, 근로이력, 노동시장 등)의 관계를 반영하는 것이 중요한데(O'Donoghue et al, 2009), 소득원천이 다양해질수록 이를 적용하기 어렵다. 특히, 복잡한 자격을 요하는 공적이전소득의 경우 그 자격기준에 대한 전망이 어려운 경우가 많다. 다양한 소득원천을 고려할수록 모형의 복잡성이 높아지는 반면, 모형의 효율성은 떨어진다는 점도 고려해야 한다. 따라서 빈곤전망 모형 구축 시에는 모형에 반영되는 소득원천을 확장하는 것과 소득 추정과 관련된 인과관계를 잘 포착하고 복잡성을 낮추는 것 사이의 균형점을 찾을 필요가 있겠다.

기존에 구축된 KIHASA SIM의 소득은 노동패널을 이용해 추정한 취업소득(근로 및 사업소득), 자산에 이자율을 적용하여 산출하는 재산소득, 그리고 국민연금과 기초연금, 실업급여 등으로 구성된다(〈표 4-4〉의 굵은 글씨 참조). 이는 취업소득과 재산소득의 일부를 구현하고 있다는 점에서 일차소득에 가까우며, 여기에 공적연금(국민+기초연금)이 반영되는 정도이다. 추후 모형의 완성도를 높이기 위해서는 소득의 범위를 순차적으로 확장해 나갈 필요가 있다. 다만, 이는 단시간 내에 이루기 어려운 일이다. 특히, 알려진 정보가 많지 않은 사적이전소득, 개인연금, 퇴직연금 등을 모형에 반영하기까지는 오랜 시간이 소요될 수 있다. 이에 본 연구에서는 소득 추정의 기초자료를 노동패널에서 가계금융복지조사로 교체하여 취업소득 추정의 정확성을 높이는 것을 우선적인 목표로 설정한다.

〈표 4-4〉 가계금융복지조사의 소득 정의

(+) 근로소득	취업소득	일차소득	시장소득	처분가능소득
(+) 사업소득				
(+) 재산소득: 금융소득, 임대소득, 개인연금·퇴직연금, 기타 재산소득				
(+) 사적이전소득: 가구 간 이전소득, 비영리단체로부터의 이전소득				
(-) 사적이전지출: 가구 간 이전지출, 비영리단체로의 이전지출				
(+) 공적이전소득: 공적연금(국민연금, 직역연금), 기초연금, 아동 관련 급여(아동수당, 양육수당, 출산장려금, 한부모가족지원 등), 장애 관련 급여(장애인연금, 장애수당, 장애아동수당 등), 국민기초생활보장제도 현금급여(생계급여, 주거급여, 교육급여, 해산급여, 장제급여), 근로장려금·자녀장려금, 고용보험·산재보험 급여, 기타 정부보조금				
(-) 공적이전지출: 국민연금 보험료, 직역연금 보험료, 건강보험료, 고용보험료				

출처: "노인빈곤과 기초연금의 관계:노인빈곤 완화를 위한 개편의 기초연구", 이원진 외, 2022, 보건복지부, 한국보건사회연구원, p. 47을 일부 수정.

가계금융복지조사는 미시적 재무건전성을 파악하기 위해 매년 자산, 부채, 소득, 지출 등의 정보를 조사하는 자료이다(통계청, 2023a). 이는 전국단위 약 20,000가구의 표본으로 이루어져 있으며, 매년 445개 조사구의 4,545가구를 교체하는 연동표본 구조를 이루고 있다([그림 4-6] 참조). 즉, 가계금융복지조사의 20% 표본을 이용하면 최대 5개년의 패널자료를 얻을 수 있다. 이처럼 패널자료를 구축하는 것은 개인의 소득이 자신의 과거에 크게 의존하기 때문이다(Zaidi et. al., 2009). 이에 기 구축된 KIHASA SIM 역시 1계 자기상관을 가정한 확률효과 패널 모형을 이용해 취업 소득을 추정하였다. 이러한 맥락에서 본 연구는 2020~2022년(3개년)의 균형패널을 구축하여 소득분포를 추정한다. 이는 2020년 이후부터 행정자료를 이용한 소득 보완이 이루어졌다는 점을 고려한 것이다. 이때, 중요한 것은 패널화한 이후에도 가계금융복지조사의 소득분포가 그대로 유지되는지 여부이다. [그림 4-7]을 통해 이를 확인할 수 있는데, 이에 따르면 패널화 이전의 전체자료에서 산출한 2022년의 취업소득 분포와 패널화 이후에 산출한 2022년의 취업소득 분포는 매우 유사하다.

〔그림 4-6〕 가계금융복지조사의 연동 표본

연도		2012	2013	2014	2015	2016	2017	2018	2019	2020	2021	2022	2023
패널 표본		A00	A00	A00									
		B00	B00	B00	B00								
		C00	C00	C00	C00	C00							
		D00	D00	D00	D00	D00	D00						
		E00	E00	E00	E00	E00	E00	E00					
연동 표본	연동표본 1 (연동 도입)				A01	A01	A01	A01	A01				
						B01	B01	B01	B01	B01			
							C01	C01	C01	C01	C01		
	연동표본 2 (표본개편 1)							D02	D02	D02	D02	**D02**	
									E02	E02	E02	**E02**	E02
										A02	A02	**A02**	A02
											B02	**B02**	B02
												C02	C02

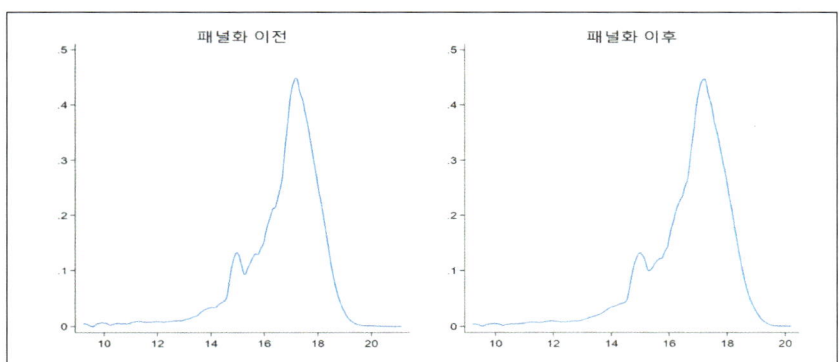

출처: "『가계금융복지조사』 통계정보보고서", 통계청, 2023a, p. 24.

〔그림 4-7〕 가계금융복지조사 패널화 전후의 취업소득 분포(2022년)

출처: "가계금융복지조사 원자료", 통계청, 각년도.

한편, 본 연구의 취업소득 추정식은 다음의 (식 4-1)과 같다. 이는 Zaidi et al.(2009)의 추정식을 우리나라에 적합한 형태로 변형한 것이다. 분석에 활용하는 변수들은 가계금융복지조사와 KIHASA SIM 모두에 존재하는 변수들로 구성된다. 추정 결과는 〈표 4-5〉와 같다.

$$\ln(w_{it}) = \beta_0 + \gamma X + u_i + \epsilon_{it} \qquad \text{(식 4-1)}$$

단, $\epsilon_{it} = \rho \epsilon_{i,t-1} + \nu_{it}$ $(j = 1, ..., N; t = 1, ... t_i)$
w_{it}: i의 t년도 연간소득 (2022년 기준 불변가격)
u_i와 ϵ_{it}는 각각 시불변 오차항과 가변 오차항을 의미함.
$|\rho| < 1$, $\nu_{it} \sim i.i.d(0, \delta_\nu)$라고 가정함.

〈표 4-5〉 소득방정식 패널분석 결과(AR(1) 확률효과 GLS 모형)

구분		남성 추정계수		여성 추정계수	
연령		0.164***	(0.004)	0.135***	(0.005)
연령제곱		-0.002***	(0.000)	-0.001***	(0.000)
종사상지위 (기준:임시 일용)	상용근로(=1)	0.802***	(0.022)	0.968***	(0.027)
	고용주(=1)	0.882***	(0.043)	1.021***	(0.080)
	자영자(=1)	0.486***	(0.259)	0.503***	(0.042)
가구주(=1)		0.342***	(0.353)	0.292***	(0.043)
배우자(유=1)		0.305***	(0.275)	0.073	(0.048)
배우자 취업(=1)		0.239***	(0.276)	0.024	(0.044)
8세미만 자녀 수		-	-	-0.177***	(0.031)
학력 (기준: 전문대학)	중졸이하(=1)	-0.092***	(0.030)	0.024	(0.043)
	고졸(=1)	0.178***	(0.029)	0.145***	(0.041)
	4년제대졸(=1)	0.160***	(0.024)	0.221***	(0.035)
	대학원졸(=1)	0.211***	(0.042)	0.527***	(0.065)
고용이력 (기준: 취업-취업)	실업-취업더미	0.242***	(0.025)	0.212***	(0.026)
	비경활-취업더미	0.173***	(0.035)	0.146***	(0.036)
상수		12.320***	(0.090)	12.738***	(0.117)
rho_ar		0.097		0.118	
sigma_u		0.071		0.904	
sigma_e		0.0618		0.813	
rho_fov		0.569		0.553	
within R-sq		0.032		0.017	
between R-sq		0.537		0.366	
overall R-sq		0.468		0.331	
Number of obs		19,579		16,773	
Number of groups		8,090		7,430	

주: 1) 종속변수는 취업소득에 자연로그를 취한 값임
2) 연도더미를 포함하여 추정한 결과임
3) ***, **, *는 각각 1%, 5%, 10%에서 통계적으로 유의하다는 것을 나타냄

나. 국민연금 모듈

국민연금 모듈에 대한 주요 개선점은 다음과 같다. 첫째, 국민연금의 제도변수를 제5차 재정계산에서 공개된 최신 자료로 업데이트한다. KIHASA SIM의 국민연금 모듈은 가입자 규모에 대한 가정, 가입종별 징수율, 납부예외자 비율 등 다양한 제도변수들에 기초한다. 이러한 제도변수들은 국민연금DB 에서만 산출가능한데, 국민연금DB에 대한 자료접근이 어려워 5년마다 공개되는 재정계산 보고서의 수치에 의존할 수 밖에 없는 실정이다.

특히, 국민연금 재정추계전문위원회(2023)의 국민연금의 제도변수 가정은 매우 유용한 정보이다. 다음의 〈표 4-6〉은 제5차 국민연금 재정계산의 제도변수 가정을 보여준다. 이 표의 1행(국민연금 가입률)은 자격취득자를 기준으로 산출한 18~59세 경제활동인구 대비 국민연금 가입률을 의미한다. 여기에는 보험료를 납부하지 않는 납부예외자와 체납자가 포함되어 있는데, 여기에 지역가입자 비율, 납부예외자 비율, 징수율 등을 적용하면 실질적인 보험료 납부자의 비율을 산출할 수 있다(5행). 이에 따르면, 실질적으로 보험료를 납부하는 가입자는 2040년에 경제활동인구의 82.2% 수준에 도달할 것으로 전망된다. 본 연구의 모형은 이 비율을 적용해 보험료 납부자를 선별한다. 이상의 내용을 반영한 국민연금 가입 시뮬레이션 결과는 〈표 4-7〉과 같다. 이를 통해 KIHASA SIM의 시뮬레이션 결과가 실적치와 거의 동일함을 알 수 있다.

〈표 4-6〉 제5차 재정계산의 제도변수 가정

(단위: %)

구분	2023년	2025년	2030년	2035년	2040년
국민연금 가입률	92.6	93.5	93.8	93.9	94.1
지역가입자 비율	31.4	30.9	27.9	25.5	23.6
지역가입자 납부예외자 비율	40.0	39.2	38.0	36.3	34.3
사업장가입자 징수율	98.5%				
지역가입자 징수율	72.1	73.9	75.9	76.8	77.7
보험료 납부자 비율	75.2	76.7	79.0	80.7	82.2

출처: "국민연금 장기재정추계", 국민연금재정추계전문위원회, 2023, pp. 47-49를 일부 수정

〈표 4-7〉 경제활동인구 대비 가입종별 보험료 납부자 비율

연도	실적치		KIHASA SIM		
	사업장가입자 비율	지역소득신고	사업장가입자 비율	지역소득신고	
				실업크레딧 미반영	실업크레딧 반영
2016	55.75	11.48	55.75	11.48	11.48
2017	56.78	11.40	56.78	11.40	12.09
2018	58.66	11.90	58.66	11.90	12.98
2019	60.26	11.80	60.26	11.80	12.59
2020	63.00	11.92	62.99	11.92	12.50
2021	63.44	11.91	63.44	11.91	12.41
2022	64.32	12.03	64.32	12.03	12.60

출처: "국민연금 재정추계전문위원회 제5차 회의", 국민연금 재정추계전문위원회, 2022, p. 32를 일부 수정 및 보완하여 필자가 작성

둘째, 가입종별 시뮬레이션 방식을 변경한다. 기존 모형에서는 종사상지위별로 국민연금에 가입하였다. 즉, 임금근로자는 사업장가입자로 비임금근로자는 지역가입자로 가입하도록 설정되어 있었다. 그러나 이는 현실적합성이 다소 떨어지는 방법이다. 현실에서는 비임금근로자라 하더라도 상시근로자 1인 이상 사업장을 운영한다면 사업장가입 대상이며, 고용지위가 열악한 임금근로자들이 지역가입자로 국민연금에 포괄되어 있기 때문이다(류재린, 문현경, 2022, pp. 36-37). 따라서 본 연구에서는 종사상지위와 무관하게 가입 확률에 따라 국민연금에 가입하는 것으로 모형을 개선하였다. 이때, 종사상 지위별 사업장-지역가입자의 비율은

경제활동인구조사의 비율을 사용하며, 2023년 이후에는 2023년의 비율이 지속된다고 가정한다. 이를 반영한 2021년 기준의 국민연금 가입 시뮬레이션 결과는 〈표 4-8〉과 같다. 이를 살펴보면, 양자의 전반적인 추세는 비슷함을 알 수 있다. 그러나 KIHASA SIM의 시뮬레이션 결과는 상용근로자의 사업장 가입률이 조금 낮다. 여러 사회경제적 특성들로 인해 국민연금 가입확률이 떨어지는 상용근로자들이 미가입/적용제외로 분류되었기 때문이다.

셋째, 임의가입제도를 반영하였다. 임의가입자는 적용제외자 중에서 국민연금 가입확률이 높은 자를 대상으로 선별한다. 이때, 가입자 규모는 전체 가입자를 먼저 선별한 뒤, 전체가입자 대비 임의가입자 비율을 이용해 산출한다. 이때, 2023년 이후에는 2023년의 비율이 지속된다고 가정한다.

〈표 4-8〉 경제활동인구조사와 KIHASA SIM의 종사상지위별 가입률 비교

(2021년 기준, 단위: %)

(a) 경제활동인구조사

구분	사업장	지역소득신고	-	미가입/적용제외	계
상용	59.0	0.4	-	0.5	59.9
임시일용	5.0	4.9	-	8.8	18.7
고용주	2.6	1.7	-	0.4	4.7
자영자	0.3	8.2	-	5.5	14.0
실업	0.0	0.0	-	2.8	2.8
계	66.9	15.1	-	18.0	100.0

(b) KIHASA SIM

구분	사업장	지역소득신고	임의가입	미가입/적용제외	계
상용	55.9	0.2	0.0	3.8	60.0
임시일용	4.0	3.4	0.0	10.5	17.9
고용주	2.4	1.3	0.0	1.0	4.7
자영자	1.1	6.8	0.0	6.0	13.9
실업	0.0	0.6	0.1	2.8	3.4
계	63.4	12.4	0.1	24.1	100.0

주: 경제활동인구조사는 징수율이 반영되지 않았으며, 시뮬레이션 결과는 징수율이 적용된 비율임. 즉, 경제활동인구조사는 18~59세 경제활동인구 대비 가입자 비율을, 시뮬레이션 결과는 18~59세 경제활동인구 대비 보험료 납부자 비율을 의미함.
출처: "경제활동인구조사 8월 근로형태별 부가조사", 통계청, 2021을 토대로 필자 계산

다. 건강 모듈[28]

소득계층에 따라 개인의 건강상태와 사망률 달라진다는 점은 널리 알려진 사실이다. 이는 연금에도 영향을 미치는데, 만일 고소득층이 더 오래 연금을 수급한다면 국민연금의 재분배 효과가 약화될 수 있다(이상은, 2006). 이를 고려하면, 빈곤 전망 모형에서도 개인의 소득 계층 및 건강 상태에 따라 사망확률이 달라지는 것을 반영할 필요가 있다. 이에 본 연구는 개인의 '소득→건강상태(질환군)→의료비 지출→사망'으로 이어지는 메커니즘을 적용하여 소득계층별로 상이한 사망확률을 반영하고자 한다.

먼저, 본 연구는 한국의료패널조사를 이용해 만성질환을 9개 그룹으로 분류한 뒤, 연령대별 만성질환 보유율을 이용해 개인의 건강 상태를 시뮬레이션한다. 이때, 주요 질환군이 밀접한 관련성을 지니며, 만성질환의 완치가 어렵다는 점을 고려하여 지속자와 신규 환자를 구분하여 시뮬레이션한다([그림 4-8] 참조). 유병 여부는 소득 및 사회경제적 변수들을 이용해 추정한 유병확률에 의해 결정된다. 유병 여부가 결정된 이후에는 이를 토대로 의료비(진료비와 자기부담) 지출을 추정한다. 의료비 지출은 사망 여부와 밀접한 상관성을 지니며, 이를 고려하여 사망확률 추정 시 의료비 지출이 고려되도록 모형을 구축하였다.

---

28) 해당 모듈은 하솔잎 외(근간)를 위해 개발되었으나, 소득계층별 사망확률의 변화가 연금에 유의미한 영향을 미칠것이라 판단되어 본 연구에도 이를 적용한다. 이 모듈에 관한 자세한 설명은 하솔잎 외(근간)를 참조하기 바란다.

〔그림 4-8〕 연도별 질환의 이행과정

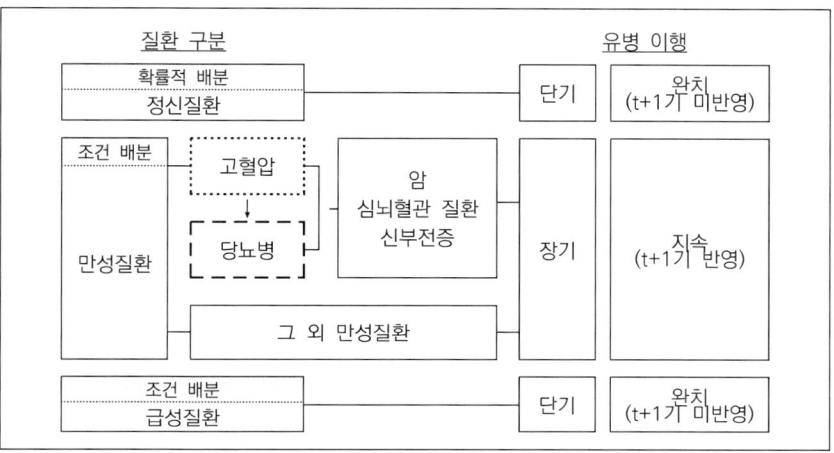

출처: "인구구조 변화와 건강성과 향상을 고려한 사회보험의 정책방향 모색", 하솔잎 외, 근간, 한국보건사회연구원, p. 89.

사망확률은 건강상태와 소득, 의료비 등을 고려하여 추정된다. 〔그림 4-7〕은 앞서 살펴본 내용을 적용하여 산출한 2024년의 연령대별-건강보험 보험료 분위별 사망률 시뮬레이션 결과를 보여준다. 여기서 사망률은 해당 연도의 보험료 분위별 전체 인구 대비 사망자 수를 의미한다. 이 그림에서 초록색 막대는 사망자를 균등 확률로 무작위 추출한 것이며, 빨간 막대는 사망확률에 따라 사망자를 선별한 것이다. 이를 통해 건강보험료 0분위(의료급여 수급자)의 사망률이 타 분위에 비해 높고, 그 외에도 높은 분위일수록 사망률이 낮아지는 경향이 있음을 알 수 있다.

[그림 4-9] 건강보험 보험료 분위별 사망률(2024년)

출처: KIHASA SIM을 이용해 필자 작성

제3절 정책 시뮬레이션

1. 연금개혁 시나리오 설정

 이하에서는 앞서 설명한 모형에 기초하여 연금개혁이 중장기 노인빈곤에 미치는 영향을 시뮬레이션한다. 본 연구에서 고려하는 연금개혁 시나리오는 다음과 같다.

 첫 번째 시나리오는 현행 제도이다. 이는 기준선 역할을 한다. 두 번째 시나리오는 연금개혁특별위원회의 2안이다(국회 연금개혁특별위원회, 2024.5).[29] 이는 국민연금의 소득대체율을 50%로, 보험료율을 13%로 인상하는 안이다.[30] 이때 소득대체율은 2030년에 50%에 도달하는 것으로 가정하며, 기초연금은 현행 수준을 유지하는 것으로 가정한다.

 3-5번 시나리오는 서로 다른 3개의 구조개혁안이다. 먼저 국민연금강화안은 국민연금의 소득대체율을 50%로 올리는 동시에 보험료율을 13%까지 인상하는 안이다. 기초연금은 2030년까지 기준 중위소득의 30%(2024년 기준, A값의 22%) 수준에 도달하도록 급여 수준을 점진적으로 인상하되, 목표치에 도달한 이후에는 해당 급여 수준을 유지하는 최저보장제도로 전환되는 것으로 가정한다. 기초연금의 지급 범위는 선정기준액이 기준 중위소득의 50%에 도달할 때까지 점진적으로 축소된 뒤, 이후에는 기준 중위소득의 50% 수준을 유지하는 것으로 가정한다. 이처럼 대상자를 축소하는 것은 기초연금을 점진적으로 개편하여 공공부조로 전환하는 방향성을 지닌다. 지급 범위를 빠르게 축소하는 것은 급여 수준을 빠르게 인상하는 것에 대한 대응 조치이기도 하다.

---

[29] 연금특위 1안은 급여 수준이 현행과 동일하므로 시나리오로 고려하지 않는다.
[30] 본 연구는 시나리오의 합리성을 위해 보험료율 인상안을 함께 제시하였으나, 이에 대한 재정추계는 수행하지 않는다.

4번 시나리오는 재정안정성을 강화하는 것으로 현 수준의 소득대체율을 유지한 채 보험료율을 15%로 인상하고, 2025년부터 완전 소득비례로 전환하는 방안이다. 기초연금은 3번 시나리오와 동일한 것으로 가정한다. 마지막으로, 5번 시나리오는 기초연금 강화안이다. 이는 국민연금의 소득대체율을 10%p 인하하고 2025년부터는 완전 소득비례로 전환하는 방안이다. 기초연금은 전체 노인을 대상으로 지급하되 상위 10%는 선형으로 환수한다고 가정한다. 기초연금 급여는 현행 수준(A값의 11.2%)에서 A값의 21.2% 수준으로 빠르게 인상한다. 이는 국민연금의 소득대체율이 10%p 낮아지는 것을 고려한 것이다. 이상의 시나리오는 〈표 4-9〉에 정리되어 있다.

〈표 4-9〉 연금개혁 시나리오

구분		국민연금			기초연금	
		소득대체율	보험료율	소득재분배 요소 (A:B)	지급범위	급여수준
현행	S1 (baseline)	40%	9%	1:1	현행유지	현행유지 (A값 11.2% 수준, 연동 조정)
모수 개혁안	S2 (연금특위 2안)	50%	9→13%[2]	1:1		
구조 개혁안	S3 (국민연금 강화안)	42%→50%	9→13%[2]	1:1	선정기준액이 기준중위 소득의 50% 수준에 도달할 때까지 수급 대상 점진적 축소, 이후 선정기준을 기준중위소득 50%로 유지	2030년까지 기준 중위소득의 30% (2024년 기준, A의 22%) 수준에 도달하도록 점진적 인상, 이후 최저보장제도로 전환 A의 22%수준 지급
	S4 (재정안정 강화안)	40%	9→15%[2]	완전 소득비례 (2025년 부터)		
	S5 (기초연금 강화안)	40→30%	9→12%[2]		2025년부터 노인 전체, 상위 10%는 선형으로 환수	A의 21.2% 수준 지급

주: 1) 소득대체율은 2025년부터 조정되어 2030년에 목표치에 도달하는 것으로 가정함.
    2) 보험료율은 2025년부터 매년 0.5%p씩 점진적으로 인상하여 목표치에 도달하는 것으로 가정함.
    3) 연금특위 1안은 급여 수준이 현행과 동일하므로 시나리오로 고려하지 않음.

2. 시뮬레이션 결과

〔그림 4-10〕과 〔그림 4-11〕은 기준 시나리오(현행)의 노인빈곤율 전망 결과를 보여준다. 이에 따르면, 노인빈곤율은 중장기적으로 하락하였다가 다시 증가하는 U자 형태를 보인다. 소득 기준별로 살펴보면, 일차소득의 중위소득 50% 기준 빈곤율은 2025년 58.7%에서 2050년 47.4%까지 낮아진 뒤, 장기적으로는 55% 수준까지 높아질 것으로 전망된다(〔그림 4-10〕 참조). 2022년 기준, 은퇴연령층(66세) 이상의 시장소득 기준 빈곤율이 59.1% 수준임을 고려하면(통계청, 2023b), 납득할만한 결과로 판단된다.

일차소득+공적연금의 빈곤율은 2025년 46.3% 수준으로 전망되었다(〔그림 4-11〕 참조). 이처럼 빈곤율 수준이 다소 높은 것은 동 모형에 일부 소득원천이 반영되지 않았고, 모형 내 1인 독거노인 비율이 가계금융복지조사에 비해 조금 높기 때문이다. 다만, 절대적인 수준보다는 중장기 추세에 주목할 필요가 있다. 〔그림 4-11〕에 따르면, 일차소득+공적연금 기준 빈곤율은 2060년 30.7% 수준으로 15.6%p 낮아진 뒤 다시 증가세로 전환할 것으로 보인다. 다른 소득원천이 반영되지 못하였다는 것을 감안하더라도, 노인빈곤율이 획기적으로 낮아질 가능성은 그리 높지 않아 보인다.

이러한 전망 결과는 앞선 1절에서 제기하였던 우려가 현실로 나타날 가능성이 높음을 시사한다. 이전세대보다 빈곤 문제가 덜한 세대라 하더라도, 공적연금의 급여가 낮다면 후기 노년기에 다시 빈곤해질 가능성이 높은 것이다. 〔그림 4-12〕는 이를 분명하게 보여준다. 이에 따르면, 1980년생 전후로 노인 진입시점의 빈곤율이 점차 낮아진다. 이는 후세대로 갈수록 빈곤 문제가 가벼워질 것이라는 이승희(2023)의 견해가 타당함을 뒷받침한다. 그러나 노인 진입 시점에는 빈곤하지 않았던 세대라 하더라도 연령이 증가하면서 빈곤율이 급격하게 높아진다는 점에 주목해야 한다. 이는 경제력이 높은 코호트라 할지라도 후기노년기에 접어들면서 노동시장에서 완전히 이탈한 후에는 다시 빈곤해질 가능성이 높음을 시사한다. 더구나 1990년생부터는 이전 세대에 비해 노인 진입시점의 빈곤율이 조금씩 높아지는 것으로 나타났다. 이는 90년대생부터 향후 도래할 저성장 국면 하에서 경제활동을 지속하기 때문으로 풀이된다.

한편으로, 노인빈곤이 가장 낮아지는 시점이 2050년 이후라는 점에도 주목할 필요가 있다. 이는 현행 제도 하에서는 노인빈곤이 완화되기까지 오랜 기간이 소요됨을 의미하며, 현세대 노인빈곤을 완화하기 위한 제도적 장치 마련이 시급함을 시사한다.

〔그림 4-10〕 노인빈곤 전망 결과(현행, 일차소득)

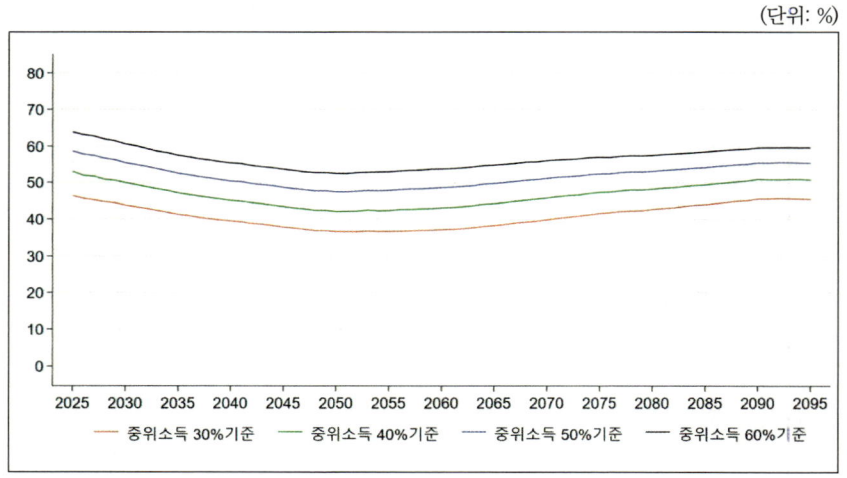

출처: KIHASA SIM의 시뮬레이션 결과임.

[그림 4-11] 노인빈곤 전망 결과(현행, 일차소득+공적연금)

(단위: %)

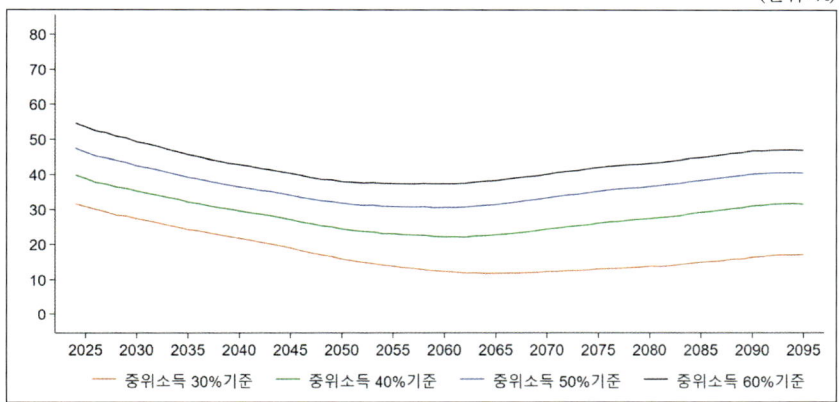

출처: KIHASA SIM의 시뮬레이션 결과임.

[그림 4-12] 출생코호트별 노인빈곤율 전망(현행, 일차소득+공적연금, 중위 50%기준)

(단위: %)

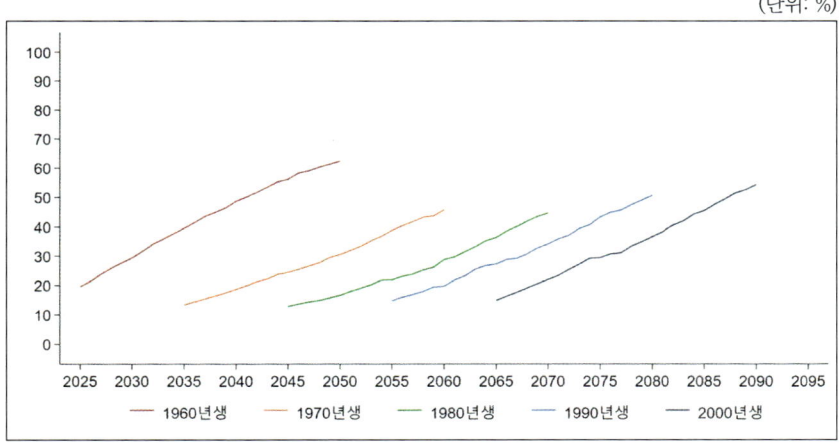

출처: KIHASA SIM의 시뮬레이션 결과임.

마지막으로 [그림 4-13]과 〈표 4-10〉은 연금개혁안에 따른 노인빈곤 전망 결과를 보여준다. 이에 따르면, 본 연구에서 고려한 연금개혁안들은 빈곤 완화에 그리 효과적이지 않다. 각 시나리오별 결과를 살펴보면, 국민연금의 소득대체율을 높이는 연금개혁특위 2안(S2)은 장기적으로 노인빈곤율을 2%p 정도 감소시킬 것으로 보인다. 다만, 그 효과가 나타나기까지 상당히 오랜 시간이 걸릴 전망이다. 이처럼 효과가 미미한 것은 소득대체율 인상의 수혜자가 대부분 빈곤선 이상에 위치하고 있어, 급여 증가가 빈곤율 완화로 이어지지 않기 때문으로 풀이된다.

둘째, 시나리오 3과 시나리오4의 경우 개혁 초기에는 노인빈곤율이 완화되지만, 중장기적으로는 오히려 노인빈곤율이 높아지는 것으로 나타났다. 개혁 초기 기초연금의 인상 효과로 노인빈곤율이 완화되지만, 기초연금의 수급대상 감소가 본격적으로 나타나는 2030년부터는 5-7분위의 공적연금 소득이 감소하여 오히려 노인빈곤율이 높아지는 것으로 보인다.31) 이때, 국민연금의 소득대체율이 50%로 높아지는 시나리오4(국민연금 강화안)의 빈곤율이, 소득대체율을 유지한 채 소득비례로 전환하는 시나리오5(재정안정 강화안)에 비해서는 낮은 것으로 나타났다.

셋째, 기초연금 강화안은 타 개혁안들에 비해 강한 노인빈곤율 완화 효과를 보인다. 이는 모든 노인을 대상으로 높은 급여 수준을 지급하기 때문일 것이다. 다만, 국민연금의 소득대체율 하락이 본격화되는 2030년 이후에는 노인빈곤율 완화 효과가 다소 둔화되는 것으로 전망되었다. 한 가지 유의할 점은 이렇게 전체 노인을 대상으로 현 수준 대비 약 2배에 달하는 급여 수준을 지급하더라도 노인빈곤율이 다시 높아진다는 것이다. 빈곤율을 유의미하게 낮추기 위해서는 현 수준보다 훨씬 더 적극적인 개입이 필요함을 시사한다.

---

31) 다만, 해당 기간 동안 빈곤갭이 완화되므로, 이러한 연금개혁으로 노인빈곤이 악화된다고 단언하기는 어렵다.

[그림 4-13] 연금개혁안별 노인빈곤율 전망(일차소득+공적연금중위 50%기준)

(단위: %)

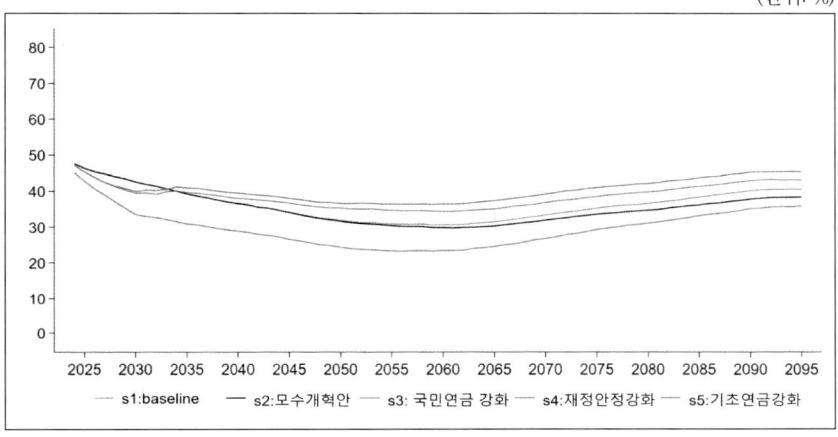

출처: KIHASA SIM의 시뮬레이션 결과임.

〈표 4-10〉 연금개혁안별 노인빈곤 전망(일차소득+공적연금, 중위 50% 기준)

(단위: %)

구분	현행 (A)	시나리오 2		시나리오 3		시나리오 4		시나리오 5	
		(B)	차이 (B-A)	(C)	차이 (C-A)	(D)	차이 (D-A)	(E)	차이 (E-A)
2025	46.3	46.3	0.0	45.3	1.0	45.4	1.0	42.8	3.6
2030	42.5	42.5	0.0	39.5	3.0	40.0	2.5	33.5	9.0
2035	39.3	39.3	0.0	39.7	-0.4	41.0	-1.7	30.9	8.4
2040	36.5	36.5	0.0	38.0	-1.5	39.5	-3.0	28.9	7.6
2045	34.1	34.1	0.1	36.7	-2.6	38.0	-3.9	26.6	7.6
2050	31.9	31.6	0.3	35.3	-3.5	36.6	-4.7	24.4	7.5
2055	30.9	30.4	0.5	34.7	-3.8	36.5	-5.6	23.4	7.5
2060	30.7	29.8	0.8	34.4	-3.7	36.5	-5.8	23.5	7.2
2065	31.5	30.3	1.2	35.1	-3.6	37.4	-5.9	24.6	6.9
2070	33.4	31.9	1.4	36.9	-3.5	39.3	-5.9	26.8	6.6
2075	35.3	33.6	1.7	38.5	-3.2	41.0	-5.8	29.4	5.9
2080	36.7	34.7	2.0	39.8	-3.1	42.2	-5.5	31.1	5.5
2085	38.4	36.2	2.2	41.4	-3.0	43.8	-5.4	33.2	5.2
2090	40.2	37.8	2.4	43.0	-2.8	45.3	-5.1	35.2	5.1
2095	40.6	38.4	2.1	43.2	-2.6	45.3	-4.8	35.9	4.7

출처: KIHASA SIM의 시뮬레이션 결과임.

제4절 소결

이 장에서는 동태적 마이크로시뮬레이션 모형을 이용해 중장기 노인빈곤 전망을 시도하였다. 이를 위해 기존에 구축된 KIHASA SIM의 국민연금 모듈과 소득추정 모듈을 개선하였고, 건강상태 변수와 임의가입 제도를 새롭게 반영하였다. 또한 현행 제도를 포함한 5가지 연금개혁 시나리오를 설정하고, 각 방안이 중장기 노인빈곤에 미치는 영향을 살펴보았다. 주요 결과는 다음과 같다.

첫째, 현행 제도하에서는 노인빈곤이 크게 완화되지 않을 전망이다. 노인빈곤율은 장기적으로 U자 형태를 보이며 다시 증가할 것으로 보인다. 둘째, 어떠한 연금개혁안을 고려하더라도 이와 유사한 U자 패턴이 나타난다. 특히, 기초연금의 수급대상자를 빠르게 축소하는 개혁의 경우에는 오히려 빈곤율이 높아지는 것으로 나타났다. 셋째, 후세대로 갈수록 노인 진입 시점에는 빈곤 문제에서 자유로울 수 있으나, 나이가 들수록 빈곤율이 가파르게 상승하는 것으로 나타났다.

이상의 시뮬레이션 결과는 그간 낙관적으로 인식되던 것과 달리 노인빈곤이 장기적으로 크게 완화되기 어렵다는 것을 시사한다. 특히, 경제력이 높은 세대라 하더라도, 공적연금의 급여 수준이 낮다면 후기 노년기 진입 시점에 다시 빈곤해질 가능성이 높다. 한편으로, 이러한 결과는 연금개혁 논의에서도 노인빈곤 문제에 대한 활발한 논의가 필요함을 시사한다. 본 연구의 시뮬레이션에 따르면, 어떠한 연금개혁안도 장기적으로 노인빈곤을 해소하지 못하고, 다시 노인빈곤이 높아지는 결과를 초래할 것으로 전망된다. 이는 현재 논의하고 있는 수준보다 훨씬 더 강도 높은 빈곤 해소책이 필요함을 의미한다.

제5장

결론

제1절 주요 내용 요약
제2절 정책 제언
제3절 향후 과제

제5장 결론

제1절 주요 내용 요약

본 연구는 중장기 노후빈곤 전망 모형의 구축을 위한 기초연구를 수행하였다. 이를 위해 빈곤전망 모형 개발에 앞서 여러 내용들을 검토하였고(2장), 이를 토대로 중장기 노후빈곤 전망 모형의 구축을 시도하였다(3, 4장). 본 연구에서 개발을 시도한 모형은 이질적 경제주체 중첩세대 모형(Heterogeneous Agent Overlapping Generations Model, HA-OLG)과 마이크로시뮬레이션 모형(Microsimulation Model, MSM)이다. 양자는 대표적인 거시 및 미시모형으로 정책영역에서 활발하게 이용되고 있다. 각 장의 주요 내용은 다음과 같다.

먼저, 2장에서는 빈곤의 개념과 측정 방법, 노인빈곤의 원인, 전망 방법론, 고려사항 등을 검토하였다. 여러 빈곤의 개념과 정의를 살펴본 뒤, 상대적 빈곤을 중심으로 측정 지표와 고려사항을 살펴보았다. 이후 우리나라 노인빈곤의 결정 요인이 복잡하고 다양하므로, 개인(가구)소득과 가구 구성을 중심으로 직관적으로 접근할 것을 제안하였다. 이후에는 소득과 가구 구성에 따른 노인빈곤 현황을 검토하였다. 마지막으로, 전망의 개념과 방법론들을 살펴본 후, 국내외 여러 모형들의 특징을 정리하였다.

전술한 논의를 통해 얻은 시사점은 다음과 같다. 첫째, 모형 구축 초기 단계에서는 단차원적인 상대적 빈곤의 개념을 적용하고, 둘째, 소득 기반 지표를 이용해 빈곤을 전망하되, 추후 자산을 고려할 수 있도록 모형을 확장할 필요가 있다. 셋째, 정확한 예측보다는 시나리오 분석에 초점을 맞추는 추계 모형(projection)의 개발이 필요하며, 넷째, 거시적 접근과 미시적 접근을 모두 시도해야 한다.

3장에서는 그간 국내 선행연구에서 명시적으로 다루어지지 않았던 국민기초생활보장제도(생계급여)와 내생적 노동공급 결정을 반영한 동태확률 일반균형모형(HA-OLG)을 구축하여, 노후 소득분배 및 노후빈곤 효과를 분석하였다. 그리고 가상적으로 국민연금 사각지대가 없어졌을 때의 노후 소득분배 및 노후빈곤 상태도 분석하였다. 주요 결과는 다음과 같다.

먼저, 개별 노후소득보장제도가 노후 소득분배 및 노후빈곤에 미치는 영향은 다소 상이하였다. 소득분배 측면에서는 기초연금과 생계급여는 소득분배를 개선시키고, 국민연금은 소득분배를 악화시키는 것으로 나타났다. 기초연금과 생계급여는 소득 수준이 낮은 경제주체에게 집중적으로 소득을 지원하므로 소득분배 개선에 도움 주는 반면, 국민연금은 연금에 내재된 소득재분배 효과에도 불구하고 예비적 노동공급 및 저축 감소에 따라 오히려 소득분배를 악화시키는 것으로 풀이된다. 한편 노후빈곤 측면에서는 기초연금과 생계급여는 예비적 노동공급 및 저축 감소에 따라 노후빈곤을 소폭 악화시키는 반면, 국민연금은 노후빈곤을 크게 개선하는 것으로 나타났다. 이는 기초연금과 생계급여의 수준이 충분히 높지 않은 반면, 국민연금의 급여수준이 충분히 높기 때문으로 해석된다.

다음으로, 국민연금 사각지대가 없는 경제에서는 현재의 기준경제 대비 노후 소득분배와 노후빈곤 모두 큰 폭으로 개선되는 것으로 분석되었다. 이는 기준 경제에서 국민연금 미가입자들을 중심으로 예비적 노동 공급 및 저축 수준이 낮아져 이들의 근로소득이 감소하지만, 모든 경제주체들이 국민연금을 수급받게 되므로 전반적인 노후 소득분배와 빈곤율이 개선되는 것으로 풀이된다.

4장에서는 Dynamic MSM인 KIHASA SIM을 이용해 중장기 노인빈곤 전망을 시도하였다. 이를 위해 국민연금 모듈과 소득추정 방법을 개선하였고, 건강상태와 임의가입을 새롭게 추가하였다. 이후에는 연금개혁안들을 설정하고, 각 개혁이 노인빈곤에 미치는 영향을 살펴보았다. 주요 결과는 다음과 같다.

첫째, 현행 제도 하에서는 노인빈곤이 크게 완화되지 않을 것으로 전망된다. 노인빈곤율은 장기적으로 U자 형태를 보이며 다시 증가할 것으로 나타났다. 둘째, 어떠한 연금개혁안을 고려하더라도 이와 유사한 U자형 패턴이 나타난다. 특히, 기초연금의 수급대상자를 빠르게 축소하는 경우 오히려 빈곤율이 높아지는 것으로 나타났다. 셋째, 후세대로 갈수록 노인 진입 시점에는 빈곤율이 낮아지지만, 연령이 증가할수록 빈곤율이 빠르게 상승할 것으로 전망된다. 이는 경제력이 높은 세대라 하더라도 공적연금의 급여 수준이 낮다면 노동시장에서 완전히 이탈한 이후 빈곤해질 가능성이 높음을 시사한다.

제2절 정책 제언

이상의 결과로부터 얻을 수 있는 시사점은 다음과 같다. 첫째, 현세대 노인의 빈곤을 완화할 수 있는 강한 대책을 마련해야 한다. 서론에서 언급한 것처럼 한국의 노인은 전세계적으로 빈곤하다. 자산을 고려하더라도 그러하다. 그러나 연금개혁 논의에서는 미래 노인의 급여수준 개선이 중점적으로 논의되고 있다. 시간이 지나면 자연스레 노인빈곤이 개선될 것이라는 안일한 인식이 존재하는 것처럼 보인다. 현재 논의되고 있는 연금개혁 방안들 중 현세대 노인의 빈곤 완화에 영향을 미치는 방안은 기초연금의 급여인상(40만원 수준)과 생계급여의 기초연금 공제 완화 정도뿐이다. 그러나 본 연구의 시뮬레이션 결과에 따르면, 현재 논의되는 수준보다 훨씬 높은 수준의 기초연금을 가정했음에도 노인빈곤이 크게 완화되지 않는 것으로 나타났다. 이를 고려하면, 보다 실효성 있는 방안을 강구해야 한다. 급여 수준을 전반적으로 높이는 동시에, 하위계층에게 급여를 차등하거나 연령에 따라 급여를 차등 지급하는 방안을 고려해 볼 수 있겠다.

둘째, 향후의 연금개혁 논의에서는 노인빈곤 완화를 주요 성과지표 중 하나로 설정해야 한다. 서론에서 언급한 것처럼 현재 논의되고 있는 어떠한 연금개혁안도 노인빈곤에 대한 구체적인 개선 효과를 내놓지 못한 채 막연하게 노인빈곤이 완화될 것이라 낙관하는 경향이 있다. 그러나 본 연구의 4장에서 시행한 시뮬레이션 결과에 따르면, 현재의 사회경제가 지속되는 경우 연금개혁에 따라 미래의 노인빈곤이 크게 완화될 것으로 기대하기 어렵다. 몇몇 개혁안의 경우 오히려 노인빈곤이 악화될 우려도 있다. 물론 본 연구에서 구축한 MSM에는 모든 소득원천이 반영되지 못하였기에 시뮬레이션 결과에 비해 노인빈곤이 개선될 여지도 있다. 그러나 공적연금을 제외한 공적이전이 노인의 가계소득에서 차지하는 비중이 상대적으로 크지 않으므로, 추후 소득원천이 보완되더라도 전반적인 추세는 큰 변화를 보이지 않을 가능성이 높다. 이를 고려하면, 연금개혁 논의 시 노인빈곤 완화에 조금 더 초점을 맞출 필요가 있다. 단순히 생애평균소득월액(B값)이 0.5A, A, 2A 수준인 대표자의 급여 수준이 얼마나 개선되는지를 제시하는 것만으로는 미래의 노인빈곤의 수준을 파악할 수 없다.

셋째, 국민연금의 내실화에 주력할 필요가 있다. 앞선 3장에서는 적용 사각지대가 없는 경우 노후소득 분배와 노인빈곤이 크게 개선될 것이라는 분석 결과를 얻었고, 4장에서는 공적연금이 충분히 성숙되지 않으면 노인빈곤이 다시 증가할 것이라는 시뮬레이션 결과를 얻었다. 이는 연금개혁과 관계없이 적용 사각지대 해소, 즉 국민연금의 내실화가 가장 우선적인 과제가 되어야 함을 의미한다. 국민연금 가입자 전체의 가입기간이 늘어나는 동시에 기여 격차가 해소되어야만 연금개혁 방안이 유의미한 효과를 낼 수 있기 때문이다. 따라서 연금개혁을 추진하는 과정에서 국민연금의 내실화에 총력을 기울일 필요가 있다.

이를 위해서는 노동시장과 국민연금의 연계가 무엇보다 중요하다. 국민연금은 소득활동에 기반한 제도이며 노동시장의 불안정성이 심화될수록 소득보장 기능이 떨어질 수밖에 없다. 따라서 적용 사각지대를 근본적으로 해결하기 위해서는 노동환경의 전반적인 개선과 자격관리 및 부과징수체계 개선 노력이 병행되어야 한다. 현행 가입종별 부과징수체계는 취약계층의 자격관리에 한계가 있으므로(이병희 외, 2023), 향후의 노동시장 변화, 실시간 소득파악체계 등 제도 외부의 여건 변화에 대응하여 자격관리 및 부과징수체계를 개편할 필요가 있다. 한편으로, 비공식 노동시장의 공식화를 위한 정책적 노력도 필요하다. 두루누리 사회보험 지원사업 등의 지원책을 통해 국민연금 미가입자의 가입 유인을 높이는 동시에 미가입 사업장에 대한 감독 및 제재를 균형있게 강화할 필요가 있다.

마지막으로, 연금제도 내 유인 구조를 설계하는 것도 중요하다. 본 연구는 공적연금의 개선 효과에 집중하였으나, 노인의 노동소득을 늘리는 것도 노인빈곤 완화에 효과적인 대안 중 하나이다. 이는 저출산 고령화에 기인한 노동력 부족에 대한 대응책이기도 하다. 이미 한국의 노인들은 근로소득을 통해 연금 공백기에 대응하고 있다(김도헌, 2022). 2023년 5월 기준, 55세~79세 고령자의 경제활동참가율은 60.2%로(통계청, 2023), G7이나 OECD 회원국들에 비해 높은 편이다(OECD, 2023). 이처럼 고령자의 경제활동 참여가 높은 것은 법정 정년과 국민연금의 가입상한연령, 그리고 수급개시연령이 모두 달라 소득공백기가 존재하고, 공적연금이 미성숙되어

연금액이 낮기 때문으로 해석된다. 그러나 이러한 상황이 연금액 증가로 이어지지 않는다는 점이 문제로 지적된다. 현재 임의계속가입자를 제외한 나머지 60세 이상 근로자는 노동시장 참여가 연금 수급액 증대로 이어지지 못하고 있다. 따라서 고령자의 경제활동 참여를 유도하고 그에 상응하는 급여 혜택을 제공될 수 있도록 제도적 개선이 필요하다.

제3절 향후 과제

본 연구는 중장기 노후빈곤 전망 모형의 구축을 위한 기초연구를 목적으로 하였으며, 노후빈곤 전망을 위한 두 가지 모형(HA-OLG, MSM)을 구축하였다. 두 모형은 모두 복잡한 계산과 방대한 기초자료를 필요로 한다. 본 연구는 시간과 자원의 제약에도 불구하고 소기의 목적을 달성할 수 있었으나, 한계점도 상존한다. 이하에서는 각 모형의 한계와 추후 과제를 제시하는 것으로 본 보고서의 결론을 맺고자 한다.

1. DSGE 관련 과제

본 연구에서는 선행연구에서 명시적으로 다루어지지 않은 생계급여와 내생적 노동공급 결정을 반영한 동태확률 일반균형모형을 구축하여 노후소득분배 및 노후빈곤 효과를 분석하였다는 점에서 정책적·학술적 측면에서 의미가 있다. 그러나 모형의 소득분포가 현실을 충분히 반영하지 못하였다는 한계가 있다. 이를 개선하기 위해서는 최근의 근로소득 자료를 활용하여 한국의 근로소득 분포를 보다 정확히 추정하고, 이를 반영한 캘리브레이션을 수행할 필요가 있다.

또한 본 연구에서는 노동공급 및 연금 가입기간의 내생화를 통해 선행연구의 모형을 일부 개선하였으나, 여전히 현실의 연령별 연금 가입 양상을 충분히 반영하지 못하였다. 후속 연구에서는 계산 부담이 적은 5세 단위의 모형을 구축하고 연령대별로 연금가입 인정 근로시간의 하한을 차등화하는 방식으로 모형의 연령대별 연금 가입기간을 현실화할 필요가 있다.

마지막으로 본 연구에서는 분석 목적상 노후소득보장제도의 재정과 재원조달 방식, 그리고 재원조달 방식의 변화가 경제에 미치는 영향에 대한 분석을 수행하지는 않았다. 후속 연구에서는 인구고령화에 대비해 적정 노후소득보장제도의 재원조달 방식에 대한 논의가 요구된다.

2. MSM 관련 과제

본 연구는 최근 논의되고 있는 여러 연금개혁안이 중장기 노인빈곤에 미치는 효과를 시뮬레이션하였다는 점에서 정책적 기여를 지니고 있다. 이를 위해 기존에 구축된 KIHASA SIM의 근로 및 사업소득의 기초자료와 추정 방법을 개선하였고, 건강 상태 반영, 임의가입제도 반영, 국민연금의 제도 변수 업데이트 등 많은 부분을 개선하였다. 그럼에도 빈곤전망 측면에서는 여전히 미진한 점이 존재한다.

첫째, 가구 구성의 개선이 필요하다. 현재의 KIHASA SIM은 부부와 자녀 중심의 단순한 가구 구성을 적용하고 있다. 독거 노인이 늘어나고 있어 노인 전체의 평균 가구원 수가 현실과 크게 차이나지는 않지만, 자녀와의 동거 가구 비율이 낮다는 점은 가구 단위로 운영되는 기초연금과 국민기초생활보장제도의 현실 적합도를 낮추는 요인이다. 자산 또한 가구 구성의 영향을 많이 받는다. 따라서 추후 노인빈곤 전망의 완성도를 높이기 위해서는 가구 구성 모듈의 개선이 필요해 보인다. 성별·연령별·혼인상태별 가구주의 변동 과정을 정교화하고, 부모-자녀의 분가 및 합가 등 노인가구의 동거 형태를 보다 세밀히 반영할 필요가 있다.

둘째, 소득 추정 과정에 대한 개선이 필요하다. 본 연구는 가계금융복지조사를 이용해 근로 및 사업소득의 정확도를 크게 높였으나, 사적이전소득, 연금 이외의 공적이전소득 등을 고려하지 못하였다. 향후 가구의 가처분소득에 대한 시뮬레이션이 가능하도록 소득원천의 범위를 확대해 나갈 필요가 있다. 이상의 내용은 추후의 과제로 남긴다.

마지막으로 한 가지 유의할 점은, 중장기 전망 모형의 가치가 미래를 정확하게 예측하는데 있지 않다는 것이다. 미래는 누구도 알 수 없으며, 어떠한 전망 모형도 미래를 정확히 예측할 수 없다. 만일 현재의 추세에 기반한 모형이 상당히 먼 미래를 정확하게 예측한다면, 이는 혁신이나 정책 개발이 부족했다는 반증이라 할 수 있다(Astolfi et al., 2012). 스웨덴의 보건사회부는 효과적인 예측은 미래를 변화시키며, 예측이 빗나갔다는 사실 자체가 오히려 예측이 효과적이었음을 입증하는 것이라고 강조한다(Ministry of Health and Social Affairs, 2010). 본 연구에서 구축한 모형들이 효과적인 예측이 되기를 기대한다.

참고문헌

〈1장〉

국민연금재정계산위원회. (2023). **2023 국민연금 재정계산: 국민연금 제도 개선 방향**. 국민연금재정계산 보고서.

국회 연금개혁 특별위원회. (2024.5.). **연금개혁 특별위원회 활동결과보고서**. 서울: 연금개혁 특별위원회.

권혁진, 류재린. (2015). 공적연금의 최저생계 보장 효과에 대한 장기 전망. **응용통계연구**, 28(4), 741-762.

권혁진, 류재린. (2018). 노후소득보장을 위한 공적연금의 적정성과 재정안정성에 대한 전망. **공공사회연구**, 8(1), 38-82.

김원섭, 강성호, 김형수, 이용하. (2016). 우리나라 공적연금의 보편적 중층보장 체계로의 재구축 방안에 관한 연구. **사회보장연구**, 32(4), 1-29.

보건복지부. (2023.10.30.). **제5차 국민연금 종합운영계획(안)**.

보건복지부. (2024.9.). **연금개혁 추진계획**.

안서연. (2023). **노인빈곤 실태 및 원인분석을 통한 정책방향 연구**. 국민연금연구원.

안서연, 최광성. (2022). **NPRI 빈곤전망 모형 연구**. 국민연금공단 국민연금연구원.

여유진, 김미곤, 권문일, 최옥금, 최준영. (2012). **현세대 노인의 빈곤 실태 및 소득보장방안 연구**. 한국보건사회연구원

윤석명, 고경표, 김성근, 강미나, 이용하, 이정우. (2017). **다양한 노인빈곤지표 산정에 관한 연구(Ⅰ)**. 한국보건사회연구원

이승희. (2023a). 소득과 자산으로 진단한 노인빈곤과 정책 방향. **KDI FOCUS**, 126. 한국개발연구원.

이승희. (2023b). 노인빈곤에 관한 연구: 소득과 소비를 중심으로. 한국개발연구원 정책연구시리즈 2023-12.

이영욱, 이승희, 권형준, 한영은, 이수은. (2023). 자산을 고려한 노인빈곤 현황 및 정책 시사점. 한국개발연구원.

이원진. (2024). **최근 소득분배 현황과 기초보장 관련 소득보장제도의 발전 방향** [발표 자료]. 제4차 약자복지 2.0 정책 세미나.

이원진, 이다미, 정해식, 남윤재. (2022). **노인빈곤과 기초연금의 관계: 노인빈곤 완화를 위한 개편의 기초연구**. 보건복지부, 한국보건사회연구원.

통계청. (2024. 9. 26.). **2024 고령자 통계** [보도자료]. https://kostat.go.kr/board.es?mid=a10301010000&bid=10820&act=view&list_no=432917

OECD. (2024.5.27.) *Income distribution database*. [Data set]. OECD Data Explorer. https://data-explorer.oecd.org/

〈2장〉

강신욱. (2016). 기초생활보장 개편의 효과: 선정기준 변화를 중심으로. **보건복지포럼**, 241, 20-31.

고제이, 구인회, 우해봉, 이아영. (2019). **노인빈곤율 변동의 원인 분해 및 정책과제**. 한국보건사회연구원.

구인회, 손병돈. (2005). 노후 소득보장의 사각지대: 1990년대 후반기의 변화 추이와 변화 요인. **한국노년학**, 25(4), 35-52.

권혁진, 류재린. (2018). 노후소득보장을 위한 공적연금의 적정성과 재정안정성에 대한 전망. **공공사회연구**, 8(1), 38–82.

김교성, 김성욱, 이정면, 노혜진. (2008). 빈곤의 측정과 규모에 관한 연구. 한국사회복지조사연구, 19, 297-319.

김미곤, 여유진, 김태완, 손창균, 최현수, 이선우, 김계연, 송치호, 오지현, 이서현. (2010). 2010년 최저생계비 계측조사 연구. 한국보건사회연구원.

김태완, 이주미, 김기태, 정세정, 이태석, 노법래, 김보미, 최준영. (2020). **기준 중위소득 산출방식 개편방안 마련 연구**. 한국보건사회연구원.

백화종, 강성호. (2011). 연금제도 성숙시점에서의 노인빈곤율 추정과 국민연금의 빈곤개선효과. **사회보장연구**, 27(4), 247-272.

보건복지부, 국토교통부, 교육부. (2020.7.31.). **중앙생활보장위원회, 2021년도**

기준 중위소득 2.68% 인상(4인 기준) [보도자료].
  https://www.molit.go.kr/USR/NEWS/m_71/dtl.jsp?lcmspage=26
  &id=95084244

석재은. (2010). 공적연금 및 기초노령연금의 빈곤감소 효과 및 효율성: 서울시를 중심으로. **사회복지정책**, 37(3), 193-214.

석재은, 김태완. (2000). **노인의 소득실태분석과 소득보장체계 개선방안 연구**. 서울: 한국보건사회연구원.

손병돈. (2012). 한국 노후 소득보장제도의 소득보장효과 분석: 최저생활보장과 적용대상의 포괄성을 중심으로: 최저생활보장과 적용대상의 포괄성을 중심으로. **노인복지연구**, 58, 7-28.

여유진, 김미곤, 권문일, 최옥금, 최준영. (2012). **현세대 노인의 빈곤 실태 및 소득보장방안 연구**. 서울: 한국보건사회연구원.

여유진, 우선희. (근간). **빈곤 개념 및 측정 동향과 정책적 시사점**. 한국보건사회연구원.

우석진. (2011). **우리나라 빈곤의 실태와 대응방안**. 국회예산정책처 정책연구용역사업, 국회예산정책처.

유경준. (2009). **우리 나라 빈곤 변화 추이와 요인 분석**. 한구개발연구원.

윤석명, 고경표, 김성근, 강미나, 이용하, 이정우. (2017). **다양한 노인빈곤지표 산정에 관한 연구(Ⅰ)**. 한국보건사회연구원

이승희. (2023). 소득과 자산으로 진단한 노인빈곤과 정책 방향. KDI FOCUS, 126. 한국개발연구원.

이영욱, 이승희, 권형준, 한영은, 이수은. (2023). **자산을 고려한 노인빈곤 현황 및 정책 시사점**. 한국개발연구원.

이원진. (2012). 노인 소득불평등 추이의 영향요인. **한국사회복지학**, 64(4), 163-188.

이원진. (2013). 노년기 소득불평등 증가의 원인: 누적적 혜택/불리 모형에 대한 탐색적 분석. **한국사회학**, 47(5), 241-275.

이원진. (2018). 노인에 대한 자녀의 경제적 부양 추이의 영향요인. **한국사회복지학**, 70(4), 167-190.

이원진, 이다미, 정해식, 남윤재. (2022). **노인빈곤과 기초연금의 관계: 노인빈곤 완화를 위한 개편의 기초연구**. 보건복지부, 한국보건사회연구원.

이주미, 김태완. (2020). 노인빈곤 원인에 대한 고찰: 노동시장 경험과 가족구조 변화를 중심으로. **보건사회연구**, 40(2), 193-221.

최옥금. (2007). 노인 빈곤에 영향을 미치는 요인에 대한 연구. **한국사회복지학**, 59(1), 5-25.

홍백의. (2005). 우리나라 노인 빈곤의 원인에 관한 연구. **한국사회복지학**, 57(4), 275-290.

Alkire, S., & Foster, J. (2011). Counting and multidimensional poverty measurement. *Journal of public economics*, 95(7-8), 476-487.

Astolfi, R., L. Lorenzoni, & J. Oderkirk. (2012). A Comparative Analysis of Health Forecasting Methods. *OECD Health Working Papers*, 59, OECD Publishing, Paris, https://doi.org/10.1787/5k912j389bf0-en

Azpitarte, F. (2012). Measuring poverty using both income and wealth: A cross-country comparison between the US and Spain. *Review of Income and Wealth*, 58(1), 24-50.

Brown, L., & Harding, A. (2002). Social modelling and public policy: Application of microsimulation modelling in Australia. *Journal of Artificial Societies and Social Simulation*, 5(4), 1-16.

Burtless, G., & Smeeding, T. M. (2001). The level, trend, and composition of poverty. *Understanding poverty*, 59, 5-8.

Bussolo, M., De Hoyos, R. E., & Medvedev, D. (2008). Economic growth and income distribution: linking macroeconomic models with household survey data at the global level. *International Journal of Microsimulation*, 3(1), 92-103.

Cockburn, J., Savard, L., & Tiberti, L. (2014). Macro-micro models. In C. O'Donoghue (Ed.), *Handbook of microsimulation modelling* (pp. 275-304). Emerald Group Publishing Limited.

Coudouel, A., Hentschel, J. S., & Wodon, Q. T. (2002). Poverty measurement and analysis. *A Sourcebook for poverty reduction strategies*, 1, 27-74.

Curci, N., Grasso, G., Savegnago, M., & Recchia, P. (2020). Anti-poverty measures in Italy: a microsimulation analysis. *Bank of Italy Temi di Discussione (Working Paper)* No, 1298.

Elliott, G., & Timmermann, A. (Eds.). (2013). *Handbook of economic forecasting*. Newnes.

Forster, M., Levy, H., d'Ercole, M. M., & Ruiz, N. (2013). *The OECD approach to measure and monitor income poverty across countries* [Paper presentation]. Conference of European Statisticians. https://unece.org/statistics/events/seminar-way-forward-poverty-measurement

George, M. V., Smith, S. K., Swanson, D. A., & Tayman, J. (2004). Population projections. In J. Siegel & D. Swanson (Eds.), *The methods and materials of demography* (pp. 561-601). Elsevier Academic Press.

Gordon, D. (2006). The concept and measurement of poverty. In C. Pantazis, D. Gordon, & R. Levitas (Eds.), *Poverty and social exclusion in Britain* (pp. 29-70). Policy Press.

Hyndman, R. J. (2018). *Forecasting: Principles and Practice*. Monash University.

Jolliffe, D. (2023.5.26.). *Monitoring Global Poverty* [Paper presentation]. 40 YEARS OF THE LUXEMBOURG INCOME STUDY GLOBAL POVERTY AND INEQUALITY SESSION. https://www.lisdatacenter.org/wp-content/uploads/files/LIS_40_Jolliffe.pdf

Kitao, S. (2014). Sustainable Social Security: Four Options. *Review of Economic Dynamics*, 17, 756-779.

Lakner, C., Mahler, D. G., Negre, M., & Prydz, E. B. (2022). How much does reducing inequality matter for global poverty?. *The Journal of Economic Inequality*, 20(3), 559-585.

Lister, R. (2021). *Poverty*. John Wiley & Sons.

Lok-Dessallien, R. (1999). *Review of poverty concepts and indicators*, UNDP Soc Dev Poverty Elimin Div Poverty Reduct Ser. https://ftp.unpad.ac.id/orari/library/library-ref-ind/ref-ind-1/appli cation/poverty-reduction/Poverty/Review_of_Poverty_Concepts.pdf

Makridakis, S. (1997). *Forecasting Methods and Applications*. Wiley.

Michael, R. T., & Citro, C. F. (Eds.). (1995). *Measuring poverty: A new approach*. National Academies Press.

Morgan, M. S. (2012). *The world in the model: How economists work and think*. Cambridge University Press.

Nishiyama, S. (2015). Fiscal Policy Effects in a Heterogenous-agent OLG economy with an Aging Population. *Journal of Economic Dynamics & Control*, 61, 114-132.

Ravallion, M. (1996). Issues in measuring and modelling poverty. *The economic journal*, 106(438), 1328-1343.

Saaty, T. L., & Vargas, L. G. (1991). Prediction, projection and forecasting: applications of the analytic hierarchy process in economics, finance, politics, games and sports. Springer.

Sen, A. (1985). *Commodities and capabilities*. Oxford University Press India.

Smith, K. E., & Favreault, M. M. (2013). *A primer on Modeling Income in the Near Term, version 7 (MINT7)*. Urban Institute, Washington DC.

Smith, K. E., & Favreault, M. M. (2019). *Modeling income in the near term 8 and 2014 primer*. Urban Institute, Washington DC.

Smith, S. K., Tayman, J., & Swanson, D. A. (2002). *State and Local Population Projections: Methodology and Analysis*. Kluwer Academic Publishers.

Spicker, P. (1993). *Poverty and social security: concepts and principles*. Routledge.

Stiglitz, J. E., Sen, A., & Fitoussi, J. P. (2009). *The measurement of economic performance and social progress revisited* (Vol. 33). France: OFCE.

OECD. (2024). Economic Outlook. 2024. 10. 21. 검색, https://www.oecd.org/en/topics/economic-outlook.html

Oxford English Dictionary. (2024). Outlook. 2024. 10. 21. 검색, https://www.oed.com/dictionary/outlook_n?tab=meaning_and_use

United Nations Economic Commission for Europe. (2011). *Canberra group handbook on household income statistics 2nd edition*. United Nations.

World Bank. (2018). *Poverty and shared prosperity 2018: Piecing together the poverty puzzle*. World Bank.

World Bank. (2024). *Poverty, Prosperity, and Planet Report Pathways Out of the Polycrisis*. World Bank.

〈3장〉

권규호. (2016). 국민연금제도 개혁방안의 거시경제적 파급효과 및 세대 간 비용 부담 분석. **정책연구시리즈** 2016-11. 한국개발연구원.

권혁진, 류재린. (2015). 공적연금의 최저생계 보장 효과에 대한 장기 전망. **응용통계연구**, 28(4), 741-762.

김원섭, 강성호, 김형수, 이용하. (2016). 우리나라 공적연금의 보편적 중층보장 체계로의 재구축 방안에 관한 연구. **사회보장연구**, 32(4), 1-29.

보건사회연구원. (2024). **연령별 국민연금 가입기간** [데이터 세트]. 내부자료.

안서연, 최광성. (2022). **NPRI 빈곤전망 모형 연구**. 국민연금공단 국민연금연구원.

이영재, 한종석, 홍재화. (2019). 국민연금의 소득재분배 효과 분석: 이질적 경제주체 생애주기 모형을 이용한 분석. **경제학연구**, 67(3), 5-44.

통계청. (2023a). **장래인구추계: 2022~2072년** [데이터세트].
https://kosis.kr/publication/publicationThema.do

통계청. (2023b). **소비자물가지수(2020=100)** [데이터세트].
https://kosis.kr/statHtml/statHtml.do?orgId=101&tblId=DT_1J22003&conn_path=I2

통계청. (각년도). **경제활동인구조사 근로형태별 부가조사** [데이터세트].
https://mdis.kostat.go.kr/ofrData/selectOfrDataDetail.do?survId=47&itmDiv=1&nPage=3&itemId=2004&itemNm=%EB%85%B8%EB%8F%99

한종석, 김선빈, 장용성. (2021). 기본소득 도입의 경제적 효과 분석. **한국경제의 분석**, 27(1), 163-217.

홍재화, 이영재, 강태수. (2016). 인구고령화와 정년연장 연구 : 세대 간 중첩모형(OLG)을 이용한 정량 분석. **경제분석**, 22(2), 1-49.

Kitao, S. (2014). Sustainable Social Security: Four Options. *Review of Economic Dynamics*, 17, 756-779.

Nishiyama, S. (2015). Fiscal Policy Effects in a Heterogenous-agent OLG economy with an Aging Population. *Journal of Economic Dynamics & Control*, 61, 114-132.

〈4장〉

국민연금 재정추계전문위원회. (2022.10.07.). **국민연금 재정추계전문위원회 제5차 회의자료**.

국민연금 재정추계전문위원회. (2023). **국민연금 장기재정추계**. 국민연금재정계산 보고서 1.

권혁진, 류재린. (2018). 노후소득보장을 위한 공적연금의 적정성과 재정안정성에 대한 전망. **공공사회연구**, 8(1), 38-82.

김인경, 김진희, 류재린, 진성진, 권수연, 김경애, 김원섭, 김지혜, 남재욱, 문현경, 박수민, 백원영, 손윤희, 양승엽, 이다미, 이수정, 이정우, 이 태, 권형준, 우선희, 임형재. (근간). **국가지속을 위한 3대 구조개혁(노동·교육·연금) 연계전략**. 경제인문사회연구회 협동연구총서.

류재린, 문현경. (2022). 코로나19 확산이 국민연금 가입에 미치는 영향 분석. **사회보장연구**, 38(2), 31-63.

류재린, 이다미, 이원진, 남윤재, 이병재, 권혁진. (2023). **공적연금의 개혁 효과 분석을 위한 동태적 미시 모의실험 모형 개발**, 한국보건사회연구원.

서한기. (2024. 3. 11.). 개선되는 듯하더니…2022년 노인빈곤율 38.1%로 '뒷걸음질'. **연합뉴스**. https://www.yna.co.kr/view/AKR20240308073800530?input=1195m

송창길, 나원희, 백주하, 류한별, 한신실, 고경표. (2023). 인구추계모형 구축과 활용 방안. 한국보건사회연구원.

송창길, 류재린, 신정우, 김희년, 최현수, 김지운, 윤병욱, 윤형중, 고경표, 오다은, 심현보, 천미경, 장지연, 이승호, 신민재, 송창용, 윤혜준, 민숙원, 백원영, 장광남, 송승원, 최현식. (2024). **지속가능한 미래 기획을 위한 인구의 질적 전망과 정책과제**. 경제·인문사회연구회.

이상은. (2006). 소득계층별 및 세대별 기대여명 차이를 고려한 국민연금제도의 소득재분배효과. **사회보장연구**, 22(1), 217-240.

이승희. (2023). **노인빈곤에 관한 연구: 소득과 소비를 중심으로**. 정책연구시리즈 2023-12.

이원진, 이다미, 정해식, 남윤재. (2022). **노인빈곤과 기초연금의 관계: 노인빈곤 완화를 위한 개편의 기초연구**. 보건복지부, 한국보건사회연구원.

통계청. (2021). **경제활동인구조사 근로형태별 부가조사** [데이터세트].

https://mdis.kostat.go.kr/ofrData/selectOfrDataDetail.do?survId=47&itmDiv=1&nPage=3&itemId=2004&itemNm=%EB%85%B8%EB%8F%99

통계청. (2021. 12. 9.). **장래인구추계: 2020~2070년** [보도자료].
https://kostat.go.kr/board.es?mid=a10301010000&bid=207&tag=&act=view&list_no=415453&ref_bid=

통계청. (2023a. 3.). 『**가계금융복지조사**』 통계정보보고서. 대전: 통계청

통계청. (2023b. 12. 7.). **2023년 가계금융복지조사 결과** [보도자료].
https://kostat.go.kr/board.es?mid=a10301040300&bid=215&act=view&list_no=428364

통계청. (각년도). **가계금융복지조사** [데이터 세트].
https://mdis.kostat.go.kr/ofrData/selectOfrDataDetail.do?survId=1005641&itmDiv=1&nPage=3&itemId=2005&itemNm=%EC%86%8C%EB%93%9D%C2%B7%EC%86%8C%EB%B9%84%C2%B7%EC%9E%90%EC%82%B0

하솔잎, 류재린, 조용찬, 김희년. (근간). **인구구조 변화와 건강성과 향상을 고려한 사회보험의 정책방향 모색**. 한국보건사회연구원.

〈5장〉

김도헌. (2022). **국민연금 수급개시연령의 상향이 고용과 소득 그리고 소비에 미치는 효과**. KDI 정책연구시리즈.

류재린, 김혜진. (2021). 소득활동에 따른 노령연금의 근로유인효과 분석. **사회경제평론**, 34(2), 47-81.

진성진, 이승호, 천동민. (2023). **연금제도가 고용에 미치는 영향**. 한국노동연구원

통계청. (2023). 경제활동인구조사 고령층 부가조사(5월) [데이터 세트]. 통계청 MDIS, https://mdis.kostat.go.kr/ofrData/selectOfrDataDetail.do?survId=47&itmDiv=1&nPage=3&itemId=2004&itemNm=%EB%85%B8%EB%8F%99

Astolfi, R., L. Lorenzoni, & J. Oderkirk. (2012). A Comparative Analysis of Health Forecasting Methods. *OECD Health Working Papers*, 59, OECD Publishing, Paris, https://doi.org/10.1787/5k912j389bf0-en.

Ministry of Health and Social Affairs. (2010). *The Future Need for Care: Results of the LEV Project*. Stockholm: Government Offices of Sweden.

OECD. (2023). OECD Labour force participation rate. 2024. 7. 12. 검색, https://www.oecd.org/en/data/indicators/labour-force-participation-rate.html

Abstract

A Preliminary Study for Developing a Mid-to Long-Term Analytical Model of Old-Age Poverty

Project Head: Ryu, Jaerin

This study aims to establish a foundational framework for modeling long-term elderly poverty in Korea, where rapid population aging and high elderly poverty rates persist as major social challenges. Recognizing the need for a structured approach to long-term poverty analysis, the study systematically reviews the concepts of poverty, measurement indicators, and analytical methodologies, and examines both macroeconomic and microsimulation modeling approaches.

Specifically, the study develops two separate models: a dynamic stochastic general equilibrium (DSGE) model to evaluate the macroeconomic effects of social protection reforms, and a dynamic microsimulation model (MSM) to project elderly poverty under different policy scenarios. The DSGE model incorporates endogenous labor supply and includes Korea's key old-age income security schemes—National Pension, Basic Pension, and Public Assistance. The MSM, based on the KIHASA SIM platform, is refined to simulate elderly poverty dynamics across birth cohorts.

While the models are exploratory in scope, they offer a

Co-Researchers: Kim, Jiwoon·Kwon, Dohyoung·Kim, Heenyun·Song, Changgil·Choi, Junyoung methodological basis for projecting income distribution outcomes and assessing poverty reduction effects of future reforms. The findings underscore the urgency of alleviating poverty among the current elderly population, while also highlighting the need for stronger policy measures such as narrowing the coverage gap in contributory pensions and reinforcing minimum income guarantees. Collectively, these contributions lay a foundation for advancing policy modeling tools that can inform future pension reforms and support effective strategies to reduce elderly poverty.

Key words : Elderly Poverty, Dynamic Microsimulation model, Heterogeneous Agent Overlapping Generations(HA-OLG) model